十定律

万变世界中不变的超强神秘法则

[意] 维尔弗雷多 · 帕累托等　著　　赫哲　编译

金城出版社
GOLD WALL PRESS

图书在版编目（CIP）数据

十定律：万变世界中绝对不变的超强神秘法则 / 赫哲编译 .
—北京：金城出版社，2013.11（2020.8 重印）
ISBN 978-7-5155-0863-4

Ⅰ . ①十…　Ⅱ . ①赫…　Ⅲ . ①成功心理—通俗读物
Ⅳ . ① B848.4-49

中国版本图书馆 CIP 数据核字（2013）第 256991 号

十定律：万变世界中绝对不变的超强神秘法则

作　　者　赫　哲
责任编辑　张礼文
文案编辑　尹　晶
开　　本　710 毫米 × 1000 毫米　1/16
印　　张　15.5
字　　数　210 千字
版　　次　2013 年 12 月第 1 版
印　　次　2020年 8 月第 2 次印刷
印　　刷　三河市腾飞印务有限公司
书　　号　ISBN 978-7-5155-0863-4
定　　价　38.00 元

出版发行　**金城出版社**　北京市朝阳区利泽东二路3号
邮编：100012
发 行 部　（010）84254364
编 辑 部　（010）64228516
总 编 室　（010）64228516
网　　址　http://www.jccb.com.cn
电子邮箱　jinchengchuban@163.com
法律顾问　北京市安理律师事务所（电话）18911105819

十定律——九大师联袂贡献

维尔弗雷多·帕累托
Vilfredo Pareto

二八定律的提出者，意大利著名的经济学家、社会学家，洛桑学派的主要代表之一，同时也是瑞士洛桑大学的教授。帕累托对于经济学、社会学和伦理学同样也做出了很多重要的贡献，特别是在收入分配的研究和个人选择的分析中，他提出了“帕累托最优”的概念，并用“无异曲线”发展和帮助了个体经济学领域。但帕累托最著名的理论，无异于他对意大利20%的人口拥有80%的财产的仔细观察，这个发现后来被约瑟夫·朱兰和其他人概括为“帕累托法则”（20/80法则），也就是二八定律，亦被称为二八法则。后来，又被人们进一步概括为帕累托分布的概念。其中，著名的“帕累托指数”是指对收入分布不均衡的程度的度量，详细参见现今通用于各国的基尼系数。同时，帕累托还提出了精英理论。在这个理论中，帕累托认为：社会分层结构的存在是普遍和永恒的。不过，这并不意味着社会上层成员和下层成员的社会地位是凝固不变的，内部上下层之间的流动性始终存在，尽管流动十分困难。

爱德华·诺顿·洛伦茨
Edward Norton Lorenz

蝴蝶效应的提出者、美国气象学家。他曾经说过一句很著名的话："一只蝴蝶在巴西轻拍翅膀，可以导致一个月后得克萨斯州的一场龙卷风。"广义的蝴蝶效应已经不仅仅限于天气预报，而是一切复杂系统对初值极为敏感性的代名词或同义语，无论是科学领域还是社会生活，宏观还是微观的一切可视和不可视的社会现象，蝴蝶效应都无处不在地发挥着巨大的威力。1963 年，他获得了美国气象学会迈辛格奖。1983 年获得了瑞典皇家科学院颁发的克雷福德奖（Crafoord Prizes），这一奖项主要授予研究领域中，不在诺贝尔奖授奖范围内却有突出成就的科学家。1991 年获得了地球和星体学方面的基础科学"京都奖"（Kyoto Prize），这是他一生中的最高荣誉，因为评委会称他的混沌理论是"继牛顿之后，为人类自然观带来了最为戏剧性的改变"。

爱德华·A. 墨菲
Edward A. Murphy

"任何事情，只要有可能出错，就一定会出错。"这条著名的法则在各个领域内广泛流行，还出了几百种衍生版本，涉及生活的方方面面。它的提出者就是爱德华·墨菲。尽管他洞察人类心理，但爱德华·墨菲实际上不是社会学家，而是一名空军工程师。1918 年，他出生在巴拿马运河地带，家族中年龄最大的 5 个孩子在新泽西上高中，他去了美国陆军军事学院，并于 1940 年毕业。同年他加入了一个委员会，从而进入美国的军队，并于 1941 年在美国空军部队里进行了飞行员训练。在"二战"期间，他成为一名空军少校。

布鲁斯·麦克莱兰
Bruce MacLelland

1877 年，“吸引力法则”作为一个专业的术语出现于布拉瓦茨基夫人（Madame Blavatsky）的关于神秘密教的书《除去面纱的艾西斯》（*Isis Unveiled: Secrets of the Ancient Wisdom Tradition*）中。两年后，也就是 1879 年的 4 月 6 日，在《纽约时报》上，一篇关于在科罗拉多州淘金热中吸引财富的文章里也提到了“吸引力法则”，这标志着神奇的“吸引力法则”的概念第一次出现在了大型的报刊媒体之上。

但是真正将“吸引力法则”的概念系统化总结出来的人，则是布鲁斯·麦克莱兰。1907 年，他出版了著名的《想象力带来富有》（*Prosperity Through Thought Force*）。在这本书中，他对“吸引力法则”做出了最全面的总结和介绍，并提出了“你是你所想，而非你想你所是”（You are what you think, not what you think you are）的科学化的概念。可以说，麦克莱兰虽不是开山鼻祖，却是这一领域内集大成的大师级人物。

西里尔·诺思考特·帕金森
Cyril Northcote Parkinson

英国著名历史学家和管理学家、历史学博士。就读于剑桥和伦敦大学，先后在皇家海军学院、利物浦大学和马来亚大学执教，为英国皇家历史学会会员。20 世纪 60 年代，他移居美国，又在哈佛大学任教。1975 年，帕金森在马来西亚的一个海滨度假时，悟出了著名的帕金森定律（Parkinson’ s Law）。后来他将这个定律发表在伦敦的《经济学家》期刊上，从而一举成名，从此让世人知晓了这个人类社会注定无法摆脱的神奇法则。他的《帕金森定律》一书出版以后，被翻译成多国语言，在美国更是长居畅销书排行榜榜首。

作为时间管理中的一个概念，帕金森定律向人们表明：只要还有时间，工作就会不断扩展，直到用完所有的时间。为了更科学地证明这个规律，帕金森用英国海军部的人员统计数据来进行了证明：1914 年，皇家海军的官兵一共 14.6 万人，基地的行政官员和办事员有 3249 人，到 1928 年，官兵降为 10 万人，但基地的行政官员和办事员却增加到了 4558 人，增加了 40%。帕金森总结出来的这条定律，深刻地揭示了行政权力扩张引发人浮于事、效率低下的“官场传染病”。事情还是那些事情，人员却不断增加，而且规模还在变得更大，人员的工作效率每天都在下降。这个发现一问世，帕金森定律就成了官僚主义或官僚主义现象的一种别称，被人们转载传诵，用来解释官场的形形色色，甚至被演变出很多别样的阐述，成为一种“处世圣经”，用来解释和剖析官场与职场的种种潜规则。

劳伦斯 · J. 彼得
Laurence J. Peter

美国著名的管理学家，现代层级组织学的奠基人，木桶原理的提出者，同时还是一位教育哲学博士。他出生于加拿大的温哥华，1941 年成为一名教师，有着丰富的中小学教学经验。1957 年，他获得美国华盛顿州立大学的学士学位；1963 年，又在该校获得教育学博士学位。

彼得的经历很丰富，基本上一直活动在教育界，当过教师、咨询师、驻校心理辅导员等，做着基层的研究工作，尽管有着天才般的洞悉力，却极少抛头露面，直到他的《彼得原理》一书出版，让他变成了一位畅销书作家。因为此书一经面世，便引起了全美轰动，并荣登畅销书非小说类排行榜的第一名，而且持续榜首 20 周之久。作为这项伟大原理的发现者，劳伦斯 · J. 彼得名噪天下，他的名字也被收入了《美国名人榜》《美国科学界名人录》和《国际名人传记辞典》等辞书中。至今，《彼得原理》已被翻译成几十种语言，累计销量上亿册。

随后，作为管理学家和教育学家的他又发明了木桶定律，他告诉我们，一只水桶想盛满水，必须每块木板都一样平齐且无破损，如果这只桶的木板中有一块不齐或者某块木板下面有破洞，这只桶就无法盛满水。就是说，一只水桶能盛多少水，并不取决于最长的那块木板，而是取决于最短的那块木板。所以木桶定律也可称为短板效应。一只水桶无论有多高，它盛水的高度取决于其中最低的那块木板。换言之，短板决定人的一生、企业的高度，以此发散开来，木桶定律渗透于人们社会生活的方方面面。

让·亨利·卡西米尔·法布尔
Jean-Henri Casimir Fabre

他被世人称为"昆虫界的荷马""昆虫界的维吉尔"。他给我们留下的主要贡献之一，就是他做过的一个著名的"松毛虫实验"。他把若干只松毛虫放在了一个花盆的边沿，使其首尾相接成一圈，在花盆的不远处，他撒了一些松毛虫喜欢吃的松叶，松毛虫开始一个接一个绕着花盆一圈又一圈地走。这一走就是 7 天 7 夜，饥饿劳累的松毛虫尽数死去。而可悲的是，只要其中任何一只稍微改变路线就能吃到不远处的松叶。这便是羊群效应通过实验的形式全程体现。

动物是如此，人也不见得更加高明。当这个实验出现以后，人们开始注意到这一现象，很多社会心理学家随后通过研究发现，影响从众的最重要的因素是持某种意见的人数多少，而不是这个意见本身。也就是说，意见的正确与否并不重要，关键是对此意见投赞成票的人有多少。人多就有说服力，就会吸引更多的人跟随身后，像滚雪球一样越滚越大，于是很少有人会在众口一词的情况下还坚持自己的不同意见——哪怕他的意见是最正确的。无论大多数人的意见有多么错误，仍然吸引越来越多的人义无反顾地往前冲，成为坚持错误的一员。

克洛德·弗雷德里克·巴斯夏 Claude Frédéric Bastiat

我们都记得关于破窗效应的那个经典的故事：一条干净的街道，只要有人砸坏了一扇窗户并且长时间不去修复，那么就会有更多的窗户被砸坏。但你知道这个效应是被谁发现的吗？它的创造者就是克洛德·弗雷德里克·巴斯夏，一个到了40多岁才开始写经济学的法国人。在巴斯夏最著名的文章《看得见与看不见的》的第一节，他讲到了破窗理论，不过他是以批判者的角色出现的：调皮的小孩打破窗户，房子的主人可能心疼，但对整个社会来说，却是好事，因为玻璃工厂、玻璃装修工都有生意可做了，从而增加了整个社会的经济总量。

当时的经济学家普遍认为这是好事，但在巴斯夏看来，主张这种破窗理论的经济学家，都属于“坏”专家，简直是人类社会的垃圾，因为“有很多事情，当时的后果看起来很不错，可后续的结果却很糟糕”。“坏的经济学家总是为了追求一些当下的好处而不管随之而来的巨大的坏处；而好的经济学家却宁愿冒当下的小小的不幸而追求未来的较大的收益。”巴斯夏在当时就具备了这种远见卓识，一眼就看穿了所谓经济学家的把戏。其实，只不过是因为他掌握了破窗理论的根本规律罢了。谬误的东西和正确的东西一样都是永恒的。他看透了人类的宿命，并敢于提出批判，这是他非常了不起的地方。

R. 罗森塔尔
R.Rosenthal

作为发现“暗示的价值”的伟大学者，罗森塔尔是一位出色的美国心理学家，他的主业是心理学，但他的这个发现却已经广泛应用到了企业管理、家庭教育以及人们社会生活的方方面面。

罗森塔尔效应作为一种对于暗示力量的总结，是出于他在1968年做过的一个著名实验。他们在一所小学，从一年级至六年级各选三个班的儿童进行了煞有介事的“预测未来发展的测验”，然后将认为有“优异发展可能”的学生名单通知给了老师，并请求他们一定保密。

实验就这么开始了，其实这个名单并不是根据测验结果确定的，而是随机抽取的。罗森塔尔什么都没做，甚至没有去看一看这些学生都长什么样。他是以一种“权威性的谎言”暗示教师，从而调动了老师对名单上的学生的某种期待心理。

在8个月后的再次智能测验的结果中发现，名单上的学生的成绩普遍有了提高，老师也给了他们良好的品行评语。

这个实验取得了奇迹般的效果，可是在罗森塔尔看来，却是十分正常的。因为老师在得知“确定结果”的前提下，对待学生的心理便受到了一种潜移默化的影响，从而使学生取得了教师所期望的进步。当这个发现公之于世后，人们经过无数的检验，最终发现他的理论完美无缺，无懈可击，暗示的力量的确存在，而且让我们难以抵御，无论在管理和教学中，还是在家庭教育的每一个细节中，他都让人们掌握了一种有效的激励工具。

所以，人们便将这个发现称为“罗森塔尔效应”。当然，很多人在习惯上也称之为“皮格马利翁效应”。这是因为在历史上还有一个传奇的故事与期待的力量息息相关，故事讲的是古希腊神话中塞浦路斯的国王皮格马利翁，他对一尊少女塑像产生了爱慕之情，希望与她结为夫妻。他强烈的渴望最终使这尊雕像变为一个真人，两个人终于因相爱而结合，实现了这个神奇的心愿。

目录 CONTENTS

第 5 章 | 帕金森定律 | 089

第 6 章 | 彼得原理 | 105

第 9 章 | 木桶定律 | 163

第 10 章 | 罗森塔尔效应 | 179

前言 PREFACE

神奇定律的诞生

1. 维尔弗雷多·帕累托：
“二八分配”的现实世界

作为二八定律的提出者，维尔弗雷多·帕累托（Vilfredo Pareto）是意大利著名的经济学家、社会学家。1848年7月15日出生于巴黎，原籍利古里亚，去世于1923年8月19日。他是洛桑学派的主要代表人之一，同时也是瑞士洛桑大学的教授。

1811年，他的祖父帕累托爵士被拿破仑封为帝国男爵，标志着他的家族进入了贵族阶层。特殊的阶层和身份为他后来所从事的工作提供了很好的基础，这让他有足够长远的眼光和深刻的洞察力，将目光投向社会财富的分配领域。

1850年前后，在帕累托两岁时，他的家族从法国返回了意大利。学完了传统的中等教育课程后，帕累托在都灵的综合技术大学攻读理科，随后他写了一篇论文，题为《固体平衡的基本原则》，并作了一篇出色的答辩。

1874—1892年，帕累托迁居到了佛罗伦萨，开始在铁路公司当一名工程师，后来成为意大利铁路公司的总经理。因为公务的需要，他经常到国外特别是英国旅行。这一期间，他参加了亚当·斯密学会，反对意大利政府的国家社会主义、保护主义和黩武政策的运动。这标志着他成为一名民主主义者，拥护不妥协的自由主义，誓与专制不相两立。他最初想在政坛发展，梦想是当一名出色的能够改变人类命运的政治家，并在 1882 年参加皮斯托亚选区议员竞选，但是没有成功。

1889 年，41 岁的帕累托迎娶原籍俄国的亚历山大・巴枯宁为妻，开始了自己的婚姻生活。两年后，他读了马费奥・潘塔莱奥尼的《纯粹经济学原理》，开始对经济学产生兴趣。1892 年，瓦尔拉推荐帕累托接替他在洛桑大学开设政治经济学的教职，次年，他就被任命为洛桑大学的政治经济学教授。这时，他进入了自己新的职业生涯，并发表相关的作品，比如 1896 年，他在洛桑大学用法文发表了《政治经济学讲义》。

1898 年，帕累托继承了本家族中一位伯父的大笔财富。用这笔钱，他在瑞士的家中接待一些意大利的社会主义者，当时他们正在逃避国内的镇压。他还对政治不死心，总觉得自己应该在政坛有所作为。也正因如此，使他对社会财富的分配规律格外感兴趣，他认为，财富的分配是一切政治的基础。

1901 年，帕累托迁居莱芒湖边的日内瓦州塞利涅的“安哥拉”别墅。这时他的思想更趋保守，更加敌视没落资产阶级的人道主义，并开始接待大量的反政府异议者。后来他又前往巴黎，在高等研究学院找了一份当老师的工作，每天给学生授课。此时，他的妻子决然离开他返回俄国，帕累托便立即要求离婚。两个人在人生观和社会观的认识上截然相反，帕累托早就有和妻子分道扬镳之意。

第二年，他就与生命中对他非常重要的让娜・雷吉斯同居了，但直至逝世前不久才与她结婚。他人生中的重要著作《普遍社会学》一书就是献给她的。

1901 年，他的《社会主义体制》用法文在巴黎发表。1916 年，帕累托最后一次系统讲授社会学课程，同时，《普通社会学》在佛罗伦萨出版。1920年，《事实与理论》在佛罗伦萨出版，这是一本主要由关于第一次世界大战的政府文辑组成的集子。1921年，《民主制的变革》在米兰出版。

1922年，为了抗议瑞士社会主义者倡议的提取财产税的政策，帕累托在迪沃那儿住了几个月。1922年年终时，他同意出任B·墨索里尼的意大利政府驻国联的代表。1923年，他被任命意大利王国的参议员，并在《等级体制》上发表了两篇文章，表示他归附法西斯主义，但他要求法西斯主义自由主义化。这是他人生的最后谢幕，同年的8月19日，他死于塞利涅，并葬于该地。

纵观他的一生，维尔弗雷多·帕累托的主要成就并不在政治领域，虽然他一生都梦想实现自己的"政治理想"，并在临终前还做了最后的尝试。他最伟大的理论都是关于经济学，并产生了巨大的影响。帕累托运用立体几何学研究经济变量间的相互关系，发展了瓦尔拉法则的一般均衡的代数体系。他提出，在收入分配为既定的条件下，为了达到最大的社会福利，生产资料的配置所必须达到的状态，这种状态称为"帕累托最适度"。即"生产资源的任何配置已不可能使任何一个人的处境变好，并使另一个人的处境变坏，已使集合体的效用达到最大值的状态"。

在社会学领域，他属于"机械学派"，他认为阶级在任何的社会制度中，都将永恒存在而不可改变，因而他的学说主张反对平等、自由和自治，认为一个公平的社会是永远不可能出现和持久的。意大利的法西斯主义多半来自于他的学说，就连著名的魔头墨索里尼也受到了他的学说的影响。

帕累托对经济学、社会学和伦理学同样也做出了很多重要的贡献，特别是在收入分配的研究和个人选择的分析中，他提出了"帕累托最优"的概念，并用"无异曲线"发展和帮助了个体经济学领域。但帕累托最著名的理论，无异于他对意大利20%的人口拥有80%的财产的仔细观察，这个发现后来被约瑟夫·朱兰和其他人概括为“帕累托法则”（20/80法则），也就是二八定律，亦被称为二八法则。后来，又被人们进一步概括为帕累托分布的概念。其中，著名的“帕累托指数”是指对收入分布不均衡的程度的度量，详细参见现今通用于各国的基尼系数。

同时，帕累托还提出了精英理论。在这个理论中，帕累托认为：社会分层结构的存在是普遍和永恒的。不过，这并不意味着社会上层成员和下层成员的社会地位是固定不变的，内部上下层之间的流动性始终存在，尽管流动十分困难。

2. 爱德华·诺顿·洛伦茨：混沌状态下的“思维怪杰”

也许你并不认识爱德华·诺顿·洛伦茨（Edward Norton Lorenz，1917—2008年），并不清楚这位美国气象学家对人类的影响，但只要提起蝴蝶效应或者混沌效应，你就一定明白了，原来是这位先生的杰作。没错，爱德华就是蝴蝶效应的提出者，他曾经说过一句很著名的话：“一只蝴蝶在巴西轻拍翅膀，可以导致一个月后得克萨斯州的一场龙卷风。”

爱德华是一个兴趣十分广泛的人，他喜欢越野、滑雪和徒步旅行，直到去世前一周，他还参加过一次徒步活动。尽管他给人的印象是严谨和注重细节，但事实上，他自己的办公室却是一个非常混乱的空间。他的学生就曾经在他的办公室里发现了一堆从未发表过的论文和研究报告。爱德华的朋友和学生形容他是个“安静的怪杰”“所见过最有组织的人”，他的同事评价他惜字如金，让他开口说话难如登天，但他们同时也都称赞他是个亲切且谦虚的人。

1917年的5月23日，爱德华出生在美国康涅狄格州的哈特福德。他在很小的时候就喜欢科学——这注定了他将来的道路。他说："孩提时，我最有兴趣做的事就是关心天气的变化。"后来他考入了达特茅斯学院，于1938年毕业，随后又在两年后毕业于著名的哈佛大学，并且获得了数学专业的学位。

第二次世界大战期间，爱德华作为气象预报员，曾经在美国的陆军航空兵团服役。1943年，他获得了麻省理工学院的理科硕士学位。1948年，他进入了该学院任教，从事气象学领域的研究工作。

1963年，他获得了美国气象学会的迈辛格奖，就在这一年，他正式提出了"混沌理论"（Chaos Theory）。这被称作是"对基础科学产生了深远的影响，是继牛顿之后让人类对自然的看法发生了翻天覆地的变化"的伟大理论。

他发现"混沌理论"的过程也是颇具戏剧性效果的，甚至可以说是在混混沌沌中发现的。1961年冬季的一天，爱德华正在电脑上进行关于天气预报的计算，为了考察一个很长的序列，他走了一条捷径——没有令计算机从头运行，而是从中途开始。他把上次的输出直接打入作为计算的初值，然后他穿过大厅下楼去喝咖啡。当他一个小时后回来时，他发现发生了出乎意料的事情，天气变化与上一次的模式迅速地偏离了。

对第一次的计算机运算结果，打印只显示到小数点的后3位：0.506，而非完整的运算结果却显示到了小数点的后6位：0.506127。这个远小于千分之一的差异，造成了第二次的仿真结果和第一次的完全不同。就在短短的时间内，相似性完全消失了。这进一步的计算表明，输入的细微差异，可能会很快成为输出的巨大差别。

于是，爱德华从这个惊人的结果中发现，准确地预测天气只是人类的幻想，他也进而揭示出，混沌现象具有不可预言性和对初始条件的极端敏感依赖性这两个基本特点。爱德华最初使用了“海鸥效应”这个词来形容这种现象，不过这并不是一个完全新颖的比喻，因为爱伦·坡曾经声称，人们挥着手可能就会影响大气条件。尽管如此，爱德华却是第一次对此理论进行系统思考并且形成新的理论的人。

1967 年，他出版了《大气环流的性质和理论》一书。在本书中，爱德华精辟地阐述了大气环流研究工作的历史发展、现状和展望。1969 年，他荣获美国气象学会的罗斯比研究奖章，并在 1972 年正式提出了“蝴蝶效应”（Butterfly Effect），次年，他便由此获得了西蒙斯纪念金奖，并以巨大的成就在 1975 年入选为美国国家科学院院士。

1983 年，爱德华再次登上奖台，获得了瑞典皇家科学院颁发的克雷福德奖（Crafoord Prizes）。这一奖项主要授予研究领域中的，不在诺贝尔奖授奖范围内却有突出成就的科学家。他于 1987 年退休，1991 年获得了地球和星体学方面的基础科学“京都奖”（Kyoto Prize），这是他一生中的最高荣誉，因为评委会称他的混沌理论是“继牛顿之后，为人类自然观带来了最为戏剧性的改变”。2008 年 4 月 16 日，爱德华因为癌症，在马萨诸塞州的家中去世，享年 90 岁。他的妻子简死于 2001 年，两个人留有一子两女。

在他的一生中，爱德华还著有《动力学方程的最大简化》《振荡力学》《大气环流的低阶模式》和《用大的数值模式进行大气可预测性试验》等著作，但没有一样比得上混沌理论和蝴蝶效应对人类生活产生的影响。

在他的“决定性混沌”（Deterministic Chaos）理论中，爱德华认为：人类本身都是非线性的，与传统的想法相反，健康人的脑电图和心脏跳动并不是规则的，而是混沌的。混沌正是生命力的表现，混沌系统对外界的刺激反应，比非混沌系统要快得多。

科学家对混沌理论的评价很高，认为“混沌学是物理学发生的第三次革命”，它与相对论、量子力学同被列为 20 世纪的最伟大发现之一。量子力学质疑微观世界的物理因果律，而混沌理论则紧接着否定了包括宏观世界拉普拉斯(Laplace)式的决定型因果律。这一理论已经被广泛地应用于各个领域，如商业周期研究、动物种群动力学、流体运动、行星运转轨道、半导体电流、医学预测（如癫痫发作）以及军事等。

爱德华的“蝴蝶效应”则是指明了一种客观存在的事实：在一个动力系统中，初始条件下微小的变化能带动整个系统的长期而巨大的连锁反应。这是一种混沌现象，我们在前文提到过：“一只蝴蝶在巴西轻拍翅膀，会使更多蝴蝶跟着一起振翅。最后将有数千只的蝴蝶都跟着那只蝴蝶一同挥动翅膀，其所产生的飓风可以导致一个月后在美国得州发生一场龙卷风。”

洛伦茨最初使用的是“海鸥效应”来形容这种现象。1979 年，在华盛顿的美国科学促进会的演讲上，他却问道：“一只蝴蝶在巴西扇动翅膀会在得克萨斯州引起龙卷风吗？”于是，“蝴蝶效应”因此得名。

这个理论比喻长时期大范围天气预报往往会因一点点微小的因素造成难以预测的严重后果，也正是因为微小的偏差是难以避免的，从而就使天气预报长期具有不可预测性或者不准确性。然而，广义的蝴蝶效应已经不仅仅限于天气预报，而是一切复杂系统对初值极为敏感性的代名词或同义语，其含义是：对于一切复杂系统，在一定的“阈值条件”下，其长时间大范围的未来行为，对初始条件数值的微小变动或偏差极为敏感，即初值稍有变动或偏差，将导致未来前景的巨大差异，这往往是难以预测的或者说带有一定的随机性的。

无论是科学领域还是社会生活，宏观的还是微观的、一切可视的和不可视的社会现象，蝴蝶效应都无处不在地发挥着巨大的威力。

3. 爱德华・A. 墨菲:
飞翔的墨菲定律

很显然，如果我们要搜集罗列一些对生活影响最广泛的定律，“墨菲定律”一定排名榜首。比如：“任何事情，只要有可能出错，就一定会出错。”这条著名的法则在各个领域内广泛流行，还出了几百种衍生版本，涉及生活的方方面面。它的提出者就是爱德华・A. 墨菲。

尽管他洞察人类心理，但爱德华・A. 墨菲（Edward A. Murphy）实际上不是社会学家，而是一名空军工程师，1918 年，他出生在巴拿马运河地带，家族中年龄最大的 5 个孩子在新泽西上高中，他去了美国陆军军事学院，并于 1940 年毕业。同年他加入了一个委员会，从而进入美国的军队，并于 1941 年在美国空军部队进行了飞行员训练。在“二战”期间，他成为一名空军少校。

1947 年，墨菲参加了美国空军技术学院，在莱特空气开发中心——赖特－帕特森空军基地成为一名出色的研发人员。对于他的性格，墨菲的妹妹碧伊・巴曼是这样描述的：“我的哥哥爱德华是个安静的天才，他从不争名逐利，只是热爱自己的本职，努力做好自己的工作。”一个性情沉静的人，对于前途没有什么企望和野心，这保证他有足够的时间和精力研究一些更有意义的事情，正像其他天才所做的那样，只有保持与世俗社会的距离，才能在伟大的领域内展示自己聪明的头脑。

在这里，墨菲开始涉足高速火箭雪橇实验（美国空军项目 MX981，1949 年），并创造了墨菲定律。但墨菲自己并不高兴——至少不像人们想象的那样，他没有忙着四处做报告、写书或做演讲，而是极为冷静。

发现的过程起始于他在空军 MX981 项目中担任研究工程师期间，此项目是为测试人体在快速减速过程中对所谓的“G－力”（使物体具有在海平面处重力加速度的力）的承受能力。该试验运用火箭动力，滑橇在铁轨上高速滑行，然后通过一系列液压制动器在轨道尽头猛然减速，“飞行员”就坐在滑橇之中了。

在试验的过程中，有人对测定滑橇飞行员——当时的空军上尉约翰·斯塔普所感受到的“G-力”的精确度提出了质疑。于是墨菲少校依据自己对高速离心过程中产生“G-力”的经验，提议把电子应力传感器连接到斯塔普上尉的安全带上，以获得更精确的测量数据。

墨菲少校的助手便动手把应力传感器的电气接头连入安全带中，测试小组随后进行了一次预测试。这次用的是一只猴子，但是传感器没有显示任何读值。墨菲于是开展检查，却发现原来是助手把传感器的线头接颠倒了。一次失误导致的错误结果，让他陷入沉思。

最后他宣布：“一件事情只要有可能做错，就一定有人把它做错。”“墨菲定律”从此诞生了，想想也是，事情总是这么奇妙，我们在生活中何尝不是如此？无论是科学实验，还是其他大大小小的杂事，只要你感觉有可能出错，最后八成就是以一个错误甚至无数个错误结束。

在几个星期后的一次新闻发布会上，斯塔普上尉把墨菲少校的这句金科玉律“捅”了出去，顿时引起了轰动。一名记者问这名上尉：“为什么这个项目的安全记录如此出色？”斯塔普是这样回答的：“项目组全体成员遵守了‘墨菲定律’，所以我们最好地完成了工作。”他进一步简述了这条定律的内容，以及对他们开展项目工作的积极意义。

随后短短的几个月中，墨菲定律就如野火燎原般风靡开来，成为各种媒体的头版标题了，比如《航空机师简讯》1955 年 5—6 月刊等各种杂志报纸，连续刊载有关文章分析和研究，甚至国家宇航局“水星”号的几名宇航员也在一部海军训练影片中称颂了墨菲定律。

墨菲的论断从此经久不衰，至今充满活力，成为美国空军，乃至全世界奉行的法则。并且，人们对墨菲定律不断做着更深入和更广泛地阐发，使它成为一个庞大的“定律家族”。随此定律风行的，还有墨菲的另一段话：“精心而慎重的准备有助于防止灾难事故，应始终假定最坏的可能性，并据此进行准备。”

还是听听墨菲的妹妹怎么总结的吧：“这绝不是悲观主义，墨菲经常说，不要指望有什么通断开关为你保险，开关始终处在接通的位置。当你在为生命悬于一线的项目开展设计时，成功之道只有一途。”

无论何事，都需要精心地准备。

1952 年，墨菲辞去了他在美国空军的职务，然后返回加州去追求自己的事业——飞机座舱设计，并进行了一系列的火箭加速实验。他曾在船员逃生系统的设计中进行了一些非常著名的实验。

在飞机领域，他也有着突出的贡献：包括 F–4 幻影中，XB–70，SR–71 黑鸟，B–1 长矛，X–15 火箭。在 20 世纪 60 年代，他还曾为“阿波罗登月计划”的安全和生命保障系统中提供自己的才华。直到他 1990 年去世，都一直没有停止自己的发明和思考。

4. 布鲁斯·麦克莱兰：风靡全球的“吸引力法则”

“吸引力法则”并不是一个独立的由某一个人发现并创造的科学规律，虽然作为一个正式的术语，诞生才不过 100 多年的历史，但是它背后的精神如果追溯起来，却早在古老的印度人的信仰之中就能发现。在早期的受到印度教影响的通神学著作中，吸引力法则的概念就已经逐渐出现。

1877 年，“吸引力法则”作为一个专业的术语出现于布拉瓦茨基夫人

（Madame Blavatsky）的关于神智学的书《除去面纱的艾西斯》（*Isis Unveiled: Secrets of the Ancient Wisdom Tradition*）中。两年后，也就是 1879 年的 4 月 6 日，在《纽约时报》上，一篇关于在科罗拉多州淘金热中吸引财富的文章里也提到了“吸引力法则”，这标志着神奇的“吸引力法则”的概念第一次出现在了大型的报刊媒体之上。

将它引入科学著作的人是“新思维”的杂志编辑威廉姆·沃尔特·阿特金森（William Walker Atkinson），1906 年，他在自己的著作《思维波动：思维世界的吸引力法则》（*Thought Vibration: The Law of Attraction in the Thought World*）的书中介绍了“吸引力法则”。他还著有《激发你的潜能》等作品，均是与吸引力的阐述有关。他首次将“吸引力”与人类自身的潜能结合起来。

但是真正将它系统化总结出来的是布鲁斯·麦克莱兰（Bruce MacLelland），1907 年，他出版了著名的《想象力带来富有》（*Prosperity Through Thought Force*）。在这本书中，他对“吸引力法则”做出了最全面的总结和介绍，并提出了“你是你所想，而非你想你所是”（You are what you think，not what you think you are）的科学化的概念。可以说，麦克莱兰虽不是开山鼻祖，却是这一领域内集大成的大师级人物。从此之后，有关“吸引力法则”的研究就层出不穷，并被贴上了诸如“思维科学”“精神科学”和“新思维”等各色各样的标签，后来者纷纷对它进行更加深入地研究和阐述，其中比较具有代表性的研究著作，包括 1926 年出版的欧内斯特·赫尔姆斯所著的《心灵科学的基本思想》，1949 年雷蒙德·霍利维尔博士所著的《让吸引力法则伴随工作》等，但他们均未能从根本上超越麦克莱兰的范畴和高度。

“吸引力法则”从此风靡全球，到了 20 世纪 90 年代，杰瑞·希克斯（Jerry Hicks）和埃丝特·希克斯（Esther Hicks）出版了包括《亚伯拉罕的教义》《情绪的惊人力量》在内的一系列著作，由于这些书籍的畅销，“吸引力法则”被推上了更高的高度，广泛地被人们接受，而且在无数的领域内形成了一系列的科学化演义，比如个人励志和企业管理，对人们的生活产生了不可估量的影响。到了2006年，一部叫作《秘密》（*The Secret*）的电影，再一次把“吸引力法则”推向了高潮，让人们更加注意到了自身潜能量的强大作用。

5. 西里尔·诺思考特·帕金森：无处不在的“帕金森”定律

作为英国著名历史学家和管理学家，西里尔·诺思考特·帕金森（Cyril Northcote Parkinson）出生于1909年，既有美国人的幽默感又具备英国人绅士般的孤高自傲。他是英国历史学博士，就读于剑桥大学和伦敦大学，先后在皇家海军学院、利物浦大学和马来亚大学执教，为英国皇家历史学会会员。20世纪60年代，他移居美国，又在哈佛大学任教。

1975年，帕金森在马来西亚的一个海滨度假时，悟出了著名的帕金森定律（Parkinson’s Law）。后来他将这个定律发表在伦敦的《经济学家》期刊上，从而一举成名，从此让世人知晓了这个人类社会注定无法摆脱的神奇法则。他的《帕金森定律》一书出版以后，被翻译成多国语言，在美国更是长居畅销书排行榜榜首。在书中，他向人们阐述了机构人员膨胀的原因及其后果：一个不称职的官员，可能有三条出路，第一是申请退职，把位子让给能干的人；第二是让一位能干的人来协助自己工作；第三是任用两个水平比自己更低的人当助手。

他经过多年的调查研究，最终发现，一个人或不同的人做一件事所耗费的时间差别如此之大：他可以在10分钟内看完一份报纸，也可以看半天；一个忙人20分钟可以寄出一叠明信片，但一个无所事事的老太太为了给远方的外甥女寄张明信片，可以足足花一整天的时间——找明信片一个钟头，寻眼镜一个钟头，查地址半个钟头，写问候的话一个钟头零一刻钟……特别是在工作中，工作总是会自动地膨胀，占满一个人所有可用的时间，如果时间充裕，他就会放慢工作节奏或是增添其他项目以便用掉所有的时间。

帕金森对此举例说：当官的A君感到工作很累、很忙时，一定要找比他级别和能力都低的C先生和D先生当他的助手，把自己的工作分成两份安排给C和D，自己掌握全面。C和D还要互相制约，不能和自己竞争。当C工作也累、也忙时，A就要考虑给C配两名助手；为了平衡，也要给D配两名助手，于是一个人的工作就变成7个人干，A君的地位也随之抬高。当然，7个人会给彼此制造许多的工作，比如一份文件需要7个人共同起草圈阅，每个人的意见都要考虑、平衡，绝不能敷衍塞责，下属产生了矛盾，领导要想方设法解决；升级调任、会议出差、恋爱插足、工资住房、培养接班人……哪一项都需要认真研究，于是工作越来越忙，甚至7个人也不够了，然后人员继续膨胀。

作为时间管理中的一个概念，帕金森定律向人们表明：只要还有时间，工作就会不断扩展，直到用完所有的时间。为了更科学地证明这个规律，帕金森用英国海军部的人员统计数据来进行了证明：1914年，皇家海军的官兵一共14.6万人，基地的行政官员和办事员有3249人；到1928年，官兵降为10万人，但基地的行政官员和办事员却增加到了4558人，增加了40%。

帕金森总结出来的这条定律，深刻地揭示了行政权力扩张引发人浮于事、效率低下的“官场传染病”。事情还是那些事情，人员却不断增加，而且规模还在变得更大，人员工作效率每天都在下降。这个发现一问世，帕金森定律就成了官僚主义或官僚主义现象的一种别称，被人们转载传诵，用来解释官场的形形色色，甚至被演变出很多别样的阐述，成了一种“处世圣经”，用来解释和剖析官场与职场的种种潜规则。

6. 劳伦斯·J. 彼得：层级组织大师和他的木桶理论

劳伦斯·J. 彼得（Laurence J. Peter，1919—1990 年），美国著名的管理学家，现代层级组织学的奠基人，木桶原理的提出者，同时还是一位教育哲学博士。他出生于加拿大的温哥华，1941 年成为一名教师，有着丰富的中学和小学教学经验。1957 年，他获得美国华盛顿州立大学的学士学位，1963 年，又在该校获得教育学博士学位。

彼得的经历很丰富，基本上一直活动在教育界，当过教师、咨询师、驻校心理辅导员等，做着基层的研究工作，尽管有着天才般的洞悉力，却极少抛头露面，直到他的《彼得原理》一书出版，让他变成了一位畅销书作家。因为此书一经面世，便引起了全美轰动，并荣登畅销书非小说类排行榜的第一名，而且持续蝉联榜首 20 周之久。作为这项伟大原理的发现者，劳伦斯·J. 彼得名噪天下，他的名字也被收入了《美国名人榜》《美国科学界名人录》和《国际名人传记辞典》等辞书中。至今，该书已被翻译成几十种语言，累计销量上亿册。

随后，作为管理学家和教育学家的他又发明了木桶定律，他告诉我们，一只水桶想盛满水，必须每块木板都一样平齐且无破损，如果这只桶的木板中有一块不齐或者某块木板下面有破洞，这只桶就无法盛满水。也就是说，一只水桶能盛多少水，并不取决于最长的那块木板，而是取决于最短的那块木板。所以木桶定律也可称为短板效应。一只水桶无论有多高，它盛水的高度取决于其中最低的那块木板。

换言之，短板决定人的一生、企业的高度，以此发散开来，木桶定律渗透于人们社会生活的方方面面。

作为他功成名就的重头戏，彼得原理的发现与传播是怎么回事呢？在彼得看来，“那是一个非常复杂与艰难的过程”。就像一切伟大的事情一样，原理的发现与总结并不容易，但据我们可以查到的资料来看，提出彼得原理的过程尽管漫长，却充满了轻松和笑料，而且据说一点也不“复杂与艰难”。这取决于彼得的性格，因为他是一个说俏皮话的高手，很像我们今天那些擅长“编小段子”的人，他的发言总是让人处在轻松愉快的氛围内，接受他的理论并不困难，且他的表达方式独一无二，让人印象深刻。

彼得有心关注组织中的不胜任现象，为此他收集了几百个事例，然后用幽默、调侃的语言把它说出来。1960 年，在一次教育界的研习会上，一些负责教育研究但又不擅长做计划的主管，吃力地撰写他们各自的研究计划，其中有些人——他们只会拷贝一些过时的统计模型，正是彼得原理所嘲讽的那类人。于是彼得向他们介绍自己的这项原理，来说明他们的不胜任困境是如何造成的。这些主管听后，有的表现出敌意，有的嘲笑，其中一位年轻的统计员甚至笑得从椅子上跌下来了——他们虽然知道这是千真万确的事实，但思想上并不愿意接受。

无论他们是如何反应的，彼得始终在这种笑声中继续讲述他的发现，但开始他并没有把它形诸文字的打算。

直到有一次，彼得在剧院里遇到了写电视剧剧本的赫尔（Raymond Hull），赫尔对彼得的发现顿时表现出很强烈的兴趣，想把它写出来，他向彼得提出了这个建议。彼得想了想，说：“好吧，也许你说得对，我应该让它留在纸上，而不是只在空气中传播。”他提供资料，由赫尔执笔，于是一本跨时代的畅销书随之诞生了。

1965 年,《彼得原理》(*The Peter Principle : Why Things Always Go Wrong*)全稿完成了写作。但是出版商的眼光不见得都是高明的，他们中的某些人恰恰就是《彼得原理》中所嘲讽的那部分人，因此他们照样不能逃脱彼得的不胜任原理支配。当有些出版商的主管看到这本书稿时，第一反应就是全身不舒服，像被谁猛击了一棍，再把一面镜子放在他的面前：里面是头无所事事的猪。结果显而易见，这本书稿先后被 10 余家出版社拒绝。

面对这种情况，彼得和赫尔只好先在杂志上发表“豆腐干”文字，将书稿中的部分精彩文字拿出来连载，受到了读者的好评，这才打动了唯利是图的出版商，使得该书终于在 1968 年正式出版。这本书成了红极一时的畅销书，成了与《帕金森定律》齐名的作品。紧接着，彼得很快又推出了续集:《彼得原理再探》(*Why Things Go Wrong: Or, The Peter Principle Revisited*)。

按照彼得自己的说法，他只是一位教育工作者，并非人们普遍认为的管理学家，但是他创立了“层级组织学”(hierarchiology)。所谓“层级组织学”的核心内容，就是他的彼得原理。对于彼得原理的核心要义，用一句话概括就是：在层级组织中，如果有足够的时间，而且组织有足够的级别，每个员工最终都会晋升到不胜任职位，并一直待在这个职位上。进一步的推论是：每一个职位最终都会由那些对工作不胜任的员工把持。

彼得对此指出，在一个层级组织中，员工要想获得晋升，最起码的条件是在现职位胜任或基本胜任。不管是什么组织，不管晋升有多少标准和条件，有一点是毫无例外的，就是必须在现职位上工作称职。所以，只要称职，就具备了晋升的可能性。然而，任何组织都不会对不称职者继续晋升。所以，组织中晋升的一般规律是：只要胜任，或迟或早就会晋升；在上一层级依然胜任，那么还会晋升；而一旦晋升到不胜任的岗位，这个晋升过程就会终止。有些人得到晋升后依然称职，这只说明还没有完成晋升过程（也就是说不称职的时间未到）；还有一些人已经升到组织最高层依然称职，这只说明该组织的层级不够多。这样，一个人在晋升的阶梯上最终停顿下来的地方，肯定就是他不称职的地方。

彼得举了很多例子，来说明员工是如何升到不胜任位置的。例如，一个优秀的汽车修理工被提升为工头，但他不会指挥别人，只会自己修车，这个人只晋升了一级就不称职了。于是，他就停留在不胜任的工头位置上。一个工程部的员工，由于称职被晋升为领班，他善于交往，在领班的位置上依然称职，所以，工程部主管退休后就接替了主管。但他不善于决策，当主管就不称职了，于是就停留在不胜任的主管位置上。某位著名的将军，直率豪爽，不拘小节，曾经率领部队打过很多漂亮的胜仗，后来晋升为陆军总指挥。这时与他打交道的不再是士兵，而是政客与盟军高官，但他不讲礼仪，不会客套，经常与政客们吵架，无计可施时借酒浇愁，表现出不称职，这是到组织顶端才表现出不称职的例子。不管是谁，按照组织的直线晋升规则，即逐级晋升，在正常情况下，总会达到晋升的极限。至于停留在什么地方，很显然，在哪一层级表现出不称职，就停留在哪一级。

任何组织，总会有工作要完成，总会有事业要推进。既然每个人都最终会到达不称职的位置，那么，组织中有价值的工作是谁干的？彼得对此回答说，真正在组织中干活的，是那些还没完成晋升过程的员工。这样，根据晋升过程的进展情况，一个组织中的人员，可以分为 5 类：过分不胜任者、不胜任者、基本胜任者、胜任者、过分胜任者。过分胜任者和过分不胜任者都会被组织迅速淘汰，胜任者会获得常规晋升，基本胜任者会放慢晋升速度，不胜任者会停留下来。随着时间的推移，不胜任者会越来越多。

有一点需要我们指出的是，在彼得看来，“晋升”（promotion）和“提拔”（pull）的含义是不一样的。晋升是按照组织的需要逐级地向上走，而提拔则是人为地加快晋升的步伐。所以，提拔要靠“贵人”（patron）的相助，在关键时刻推他一把。提拔的实质是拔苗助长，所起到的作用，不过是大大缩短了到达不胜任位置的时间。

所以，彼得忠告说：“如果能坐，绝不要站着；如果能开车，绝不要走路；如果能找到贵人提拔，绝不要奋发进取。”

从本质上来看，彼得原理告诉我们，晋升就像一把爬不完的梯子，总有人掉下来，但大多数人一直在向上爬，而且他们总是一些不胜任的人；不适合的人占据着不适合的位置，既轻松又沉重。说它轻松，是因为它充满了幽默；说它沉重，是因为它具有深深的忧虑。所以任何管理学家，都应该重视彼得的告诫。对组织等级结构与人员称职情况关系的研究，在任何时候都是管理学的重要内容。就像他的木桶定律一样，尽管人们都知道短板决定了我们的容量和高度，但最终的结果却是人们都在拼命地加强优势，完全忘了那个其实很容易弥补的短板，造成同样的失败在人们的麻木中屡次上演。

直到现在，现实仍然不幸地被彼得言中，不胜任是那么的普遍。在大公司的高管层，他们无力驾驭“利维坦”式的巨型怪兽；具有强大力量的政府机器，也被刻板的官僚力不从心地操纵着；甚至在日常的家庭生活中，人们也在为不胜任和“不想付出胜任的代价”而发愁。人类的管理学发展到今天，还远远不能把不称职消灭在萌芽状态。对此，劳伦斯·J. 彼得做出了足够的警示和鞭策。

彼得既然研究出了关于不胜任的问题，并且意识到了“短板”无处不在而且极为可怕，他当然不愿意自己也掉进去，同时他也希望自己能够不被它所限制。这时，彼得的幽默又发挥了作用，他为自己制定了一个座右铭：

身为人类家庭中的一名优秀的成员，我发誓要尊重自己，也尊重他人，并透过言语或行动实践我的主张。

我发誓我个人的一举一动或所有决定，都将朝着提高生活品质的目标迈进，而不是向上攀升到自己无法胜任的地位。我发誓常和自己保持亲密的接触。

另外，彼得的主要著作除了《彼德原理》外，还有《彼德计划》《彼德处方》及《彼德金字塔》《彼德语录》《彼德的人民》等，另外，还有《幽默大处方》《名人的惊人之论》等通俗著作，均拥有大量的忠诚读者，可谓涉及面极广。

7. 让 - 亨利 · 卡西米尔 · 法布尔：松毛虫与羊群效应

作为现今应用极广的羊群效应，成系统地出现，最早应该是作为股票投资中的一个专业术语，主要是指投资者在交易过程中存在学习与模仿的现象。盲目地效仿别人，不加分析跟从在后，从而导致他们在某段时期内买卖相同的股票，将成败的控制权拱手交予他人。

但是更早，羊群效应的表达就已经开始。其中在拉伯雷的《巨人传》中有一个故事，讲的便是盲从之众如何输掉身家性命：巴奴越受羊贩邓特诺诟辱，乃购其一羊驱之入海，群羊见之均起而效尤，纷纷投海，卒至羊贩邓特诺于抢救时亦溺死海中。巴奴越绵羊的行为便是羊群效应的绝佳体现。

以科学实验的模式将羊群效应总结出来的人，是法国昆虫学家、动物行为学家和文学家让 – 亨利 · 卡西米尔 · 法布尔（Jean–Henri Casimir

Fabre，1823—1915 年），他被世人称为“昆虫界的荷马”“昆虫界的维吉尔”。1823 年，他出生于法国南部普罗旺斯的圣莱昂的一户农家。此后的几年里，他是在离该村不远的马拉瓦尔祖父母家中度过的，在当时，年幼的法布尔已经被乡间的蝴蝶与蝈蝈这些可爱的昆虫所吸引，并有了投入昆虫界的志向。

1829 年，法布尔在圣雷恩开始上学，儿时的岁月一直深深地铭刻在他的心中，他很珍惜那段回忆，这也向我们表明了一个人所遵循的事实：儿时的经历会在很大程度上影响我们对于人生的选择。1833 年，法布尔一家来到了罗德兹，他的父亲靠经营一家咖啡馆维持全家的生计。1837 年，他们一家人又移居到了图卢兹。在这里，法布尔进入了神学院，但他中途退学，出外谋生。这段时期，他曾经在铁路上做过工，在市集上卖过柠檬。后来，他总算通过了阿维尼翁师范学校的选拔考试，获得了奖学金，并且在 3 年的学习后获得了高等学校的文凭。

毕业后，19 岁的法布尔在卡本特拉开始了他的教师生涯，所教授的课程就是自然科学史。1849 年，他被任命为科西嘉岛阿雅克肖的物理教师。岛上美丽的自然风光和丰富的物种，燃起了他研究植物和动物的热情。阿维尼翁的植物学家勒基安向他传授了自己的学识。此后，他又跟随莫坎－唐通四处采集花草标本，这位博学多才的良师为法布尔后来成为博物学家、走上科学研究的道路奠定了坚实的基础。1853 年，法布尔重返法国大陆，受聘于阿维尼翁的一所学校，并举家迁进了圣－多米尼克街区的染匠街一所简朴的住宅里。1857 年，他发表了《节腹泥蜂习性观察记》，这篇论文修正了当时昆虫学祖师莱昂·杜福尔的错误观点，由此赢得了法兰西研究院的赞誉，被授予实验生理学奖。这期间，法布尔还将精力投入到对天然染色剂茜草或茜素的研究中去，当时法国士兵军裤上的红色，便来自于茜草粉末。1860 年，法布尔获得了此类研究的三项专利，这是上天对他付出的回报。

后来，法布尔应当时的公共教育部部长维克多·杜卢伊的邀请，负责一个成人夜校的组织与教学工作，但其自由的授课方式引起了某些人的不满，群起而攻击他。于是，他辞去了工作，携全家在奥朗日定居下来，一住就是10余年。在这10余年里，法布尔完成了后来长达10卷的《昆虫记》中的第一卷。其间，他多次与好友一同到万度山采集植物标本。此外，他还结识了英国哲学家米尔，但米尔英年早逝，使两个人先前酝酿的计划“沃克吕兹植被大观”因此夭折。

他给我们留下的主要贡献之一，就是他做过的一个著名的“松毛虫实验”。他把若干的松毛虫放在了一只花盆的边缘，使其首尾相接成一圈，在花盆的不远处，又撒了一些松毛虫喜欢吃的松叶，松毛虫开始一个接一个绕着花盆一圈又一圈地走。这一走就是7天7夜，饥饿劳累的松毛虫尽数死去。可悲的是，只要其中任何一只稍微改变路线就能吃到不远处的松叶。这便是羊群效应通过实验的全程体现。

动物是如此，人也不见得更加高明。当这个实验出现以后，人们开始注意到这一现象，很多社会心理学家随后通过研究发现，影响从众的最重要的因素是持某种意见的人数多少，而不是这个意见的本身。也就是说，意见的正确与否并不重要，关键是对此意见投赞成票的人有多少。人多就有说服力，就会吸引更多的人跟随身后，像滚雪球一样越滚越大，于是很少有人会在众口一词的情况下还坚持自己的不同意见——哪怕他的意见是最正确的。无论大多数人的意见有多么错误，仍然吸引越来越多的人义无反顾地往前冲，成为坚持错误的一员。

现实中岂非如此呢？法布尔本想表明松毛虫的可悲行为，但羊群效应出来之后，陷入其中无法自拔的反而成了我们人类。就像在职场、在一些竞争激烈的行业，很容易就会产生这种效应，比如看到一家公司做什么生意赚钱了，所有的企业都会蜂拥而至，投入这个行当，直到行业的供应大大增长，生产能力饱和，供求关系失调，大家一起倒霉。在这个狂热的行为中，大家都热衷于模仿领头羊的一举一动，大部分人缺乏长远的战略眼光，更没有对自己喊“停”的关键的思维决断力。

8. 克洛德·弗雷德里克·巴斯夏：人人需要警惕的破窗效应

我们都记得关于破窗效应的那个经典的故事：一条干净的街道，只要有人砸坏了一扇窗户，并且长时间不去修复，那么就会有更多的窗户被砸坏。但你知道这个效应是被谁发现的吗？它的创造者就是克洛德·弗雷德里克·巴斯夏（Claude Fr é d é ric Bastiat，1801—1850 年），一个到了 40 多岁以后才开始写作经济学的法国人。但他在思想、气质上更接近于英国人，大概是因为他曾经试验的失败和从商的经历，让他偏离了法国唯理主义的思想传统，尤其是当时鼓吹自由贸易的曼彻斯特学派。所以尽管他后来火透了全世界，但在他的祖国却没有几个人对他感兴趣。

巴斯夏出生于 1801 年，去世于 1850 年，他生存的时代，是一个正发生巨大改变的翻天覆地的历史时期，工业革命改变了欧洲，也改变了世界。他的家境不错，有庄园，同时开有工厂，这一切都为他的研究工作提供了条件。

在他 25 岁那年，祖父去世了，他便继承了庄园住宅，里面有三块出租地。带着年轻人的热情和对理性的狂热，他曾经在这里进行过新型的农业试验，希望搞出一些发明创造，结果却失败了。兴致全无的他，只好由着那些农民按照习惯去耕种了。

在巴斯夏最著名的文章《看得见与看不见的》的第一节，他讲到了破窗理论，不过他是以批判者的角色出现的：调皮的小孩打破窗户，房子的主人可能心疼，但对于整个社会来说，却是好事，因为玻璃工厂、玻璃装修工都有生意可做了，从而增加了整个社会的经济总量。

当时的经济学家普遍认为这是件好事，但在巴斯夏看来，主张这种破窗理论的经济学家，都属于“坏”专家，简直是人类社会的垃圾，因为“有很多事情，当时的后果看起来很不错，而后续的结果却很糟糕。”“坏经济学家总是为了追求一些当下的好处而不管随之而来的巨大的坏处，而好经济学家却宁愿冒当下的小小的不幸而追求未来的较大的收益。”他的主要贡献就在于批判当时经济学家的谬误，为此写了很多有趣而且机智的文章，展示他在经济学理论方面的严谨、写作的机智与雄辩。他的文章中充满了有趣的寓言、辛辣的反讽、机智的辩论。因此，阅读他的文章本身，就是一种视觉和精神的双重愉悦。

他用了很多比喻来说明这个问题，告诉人们一旦窗子被打破，不但不会有什么好处，反而会破坏整个有序的秩序。他讲了一个很有趣的虚构故事：看到某个商人从比利时进口低价铁，巴黎的某个铁加工工厂主大为生气，如果他自己全副武装跑到边界线上阻止进口交易，就会遭遇商人个人的抵抗，甚至被投入监狱，这位苦恼的工厂主想到了巴黎的法律工厂，于是他跑到巴黎向议会讲了一套歪理，然后，国会就通过法律手段，对国产铁实行贸易保护，于是，就动用国家机器来限制那位商人从比利时购进低价铁，而只能购买国产的高价铁。

破窗理论发生作用了，但政府确立的垄断虽然给某些行业带来了好处，却损害了整个社会的效率。这是巴斯夏要批判的，因为当政府扩大开支以刺激经济的时候，同时等于减少了民间更有效率的投资。巴斯夏说：“国家不是，也不可能只长一只手。它总是长着两只手，一只手管拿，另一只手管送，也就是说，国家有一只粗暴之手，也有一只温柔之手。为了干第二件，必须先得干第一件。”他因此认为，国家不可能自己创造出财富，他用来帮助一部分人的钱，总是出自另一部分人的腰包。而且，由于政治过程的本质，往往是从穷人、弱者腰包掏出来，装进富人、强者的腰包，即使在民主国家也不可能例外。

巴斯夏在当时就具备了这种远见卓识，一眼就看穿了所谓经济学家的把戏。其实，只不过是因为他掌握了破窗理论的根本规律罢了。谬误的东西和正确的东西一样都是永恒的。他看透了人类的宿命，并敢于提出批判，这是他非常了不起的地方。

9. R. 罗森塔尔：来自权威的暗示力量

作为发现“暗示的价值”的伟大学者，罗森塔尔是一位出色的美国心理学家，他的主业是心理学，但他的这个发现却已经广泛应用到了企业管理、家庭教育以及人们社会生活的方方面面。

罗森塔尔效应作为一种对暗示力量的总结，是出于他在 1968 年做过的一个著名实验。他们在一所小学，从一至六年级各选 3 个班的儿童进行了煞有介事的“预测未来发展的测验”，然后将认为有“优异发展可能”的学生名单通知给了教师，并请求他们一定保密。

实验就这么开始了，其实这个名单并不是根据测验结果确定的，而是随机抽取的。罗森塔尔什么都没做，甚至没有去看一看这些学生都长什么样。他是以一种“权威性的谎言”暗示教师，从而调动了教师对名单上的学生的某种期待心理。

在8个月后的再次智能测验的结果中发现，名单上的学生的成绩普遍有了提高，教师也给了他们良好的品行评语。

这个实验取得了奇迹般的效果，可是在罗森塔尔看来，却是十分正常的。因为教师在得知“确定结果”的前提下，对待学生的心理便受到了一种潜移默化的影响，从而使学生取得了教师所期望的进步。当这个发现公之于世后，人们经过无数的检验，最终发现他的理论完美无缺，无懈可击，暗示的力量的确存在，而且让我们难以抵御，无论在管理和教学中，还是在家庭教育的每一个细节中，他都让人们掌握了一种有效的激励工具。

所以，人们便将这个发现称为“罗森塔尔效应”。当然，很多人在习惯上也称之为“皮格马利翁效应”。这是因为在历史上还有一个传奇的故事与期待的力量息息相关，故事讲的是古希腊神话中塞浦路斯的国王皮格马利翁，他对一尊少女塑像产生了爱慕之情，希望与她结为夫妻。他强烈的渴望最终使这尊雕像变为一个真人，两个人终于因相爱而结合，实现了这个神奇的心愿。

第 1 章

二八定律

◎不公平却最公正的分配规则

◎20% 决定你的成功

◎二八定律的不平衡性

◎需要警惕的二八现象

◎二八定律与我们的生活

◎ 不公平却最公正的分配规则

如果有人问：世界上哪一种法则是最不公平的？毫无疑问，那就是二八定律。二八定律也被人们叫作帕累托定律，是19世纪末20世纪初由意大利著名的经济学家帕累托发明的。他对于分配规律很感兴趣，经过研究认为，在任何一组东西中，最重要的只占其中一小部分，也就是说大约占20%；而其余80%的尽管是多数，却是次要的，重要性远不及那20%，因此，此定律又被称为二八法则。

1897年，帕累托在一次偶然的机会中注意到了19世纪英国人的财富和收益模式。在日后的不断调查取样中，他发现了一个这样的现象：大部分的财富总是流向少数人的手中，无论多少人如何努力，也无法改变这个分配比例。同时他还发现，某一个族群占总人口数的百分比和他们所享有的总收入之间存在着一种微妙的关系。

后来他在不同的时期、不同的国度都见过这种现象。而且无论是在早期的英国，还是其他国家，甚至从早期的资料中，他惊讶地发现这种微妙关系一再出现，在数学上的关系也呈现出一种稳定的状态。

于是，帕累托通过对大量的具体事实的分析总结，发现社会上20%的人竟然占有80%的社会财富，也就是说：财富在人口中的分配是绝对不平衡的。由于人们在工作和生活中也发现了诸如此类的众多不平衡的现象，因此，二八定律成了这种不平等关系的简称，不管结果是不是恰好为80%和20%的比例（因为从统计学上来说，精确的80%和20%不太可能出现）。而我们所说的二八定律，从习惯上来讲，所讨论的是处于顶端的20%，而非待在底部的那20%。即20的部分代表金字塔的顶层，他们是人口数量的少部分，却是财富收入的大部分。

鉴于二八定律的强大影响力，后人也对帕累托的这项发现给予了不同的命名，例如，帕累托法则、帕累托定律、20/80定律、最省力的法则、不平衡原则等。各种各样的称呼都有，但内容和实质都是相同的。而今天人们对二八定律的使用，已经使其成了一种量化的实证法，并且多用以计量投入和产出之间可能存在的关系，同时也会用来分析精英与大众之间的区分与共存关系。

比如，这个世界上只有20%的人能够取得成功，另外80%的人却只能选择失败。在任何行业或者做任何事情都是这样的，总有超过或接近八成的人无法走到最后，或是倒在路上，或是根本无法开始。但他们其实遵循的是十分公正的竞争规则。也就是说，二八的分配虽然很不公平，却极为公正。

当然，二八定律所具有的实用意义已经确认为是可证的，而且已经被不断证明。

在管理学范畴，同样有著名的20/80定律在起作用。内容就是：通常一个企业80%的利润来自它所拥有的20%的项目。这个20/80定律后来就被一再推而广之，所以认同帕累托的经济学家也因此说，世界上20%的人手里掌握着80%的财富，这是一个现实。

根据这种财富的占有原则，就产生了这样的两种人：第一种人占了

80%，他们只拥有 20% 的财富，而且无论怎样都难以改变；第二种人只占 20%，却掌握 80% 的财富，他们轻松地控制着最主要的资源，拥有最好的机会，并且有能力拉大差距。

为什么会出现这种现象呢？这公平吗？显然，这当然不公平，但我们观察它的发生过程，你就会发现这其实十分公正。因为第一种人每天只会盯着老板的口袋，总希望老板能给他们多一点钱，却将自己的一生租给了第二种只占 20% 的人；第二种人则不同，他们除了做好手边的工作外，同时还会用另一只眼睛关注多变的世界。

这是成功者的素质：他们明白在什么时间该做什么事。于是，第一种 80% 的人都在替他们打工。

心理学家也跑过来凑热闹，他们说，在全世界 20% 的人身上集中了人类 80% 的智慧，他们一出生就鹤立鸡群。

婚姻专家说，20% 的人享受了世界上 80% 的爱情，甚至办掉了全世界 80% 的结婚、离婚手续。这 20% 的人总是在爱和被爱，而余下 80% 的人却还不懂得享受爱情的苦与甜。

无数行业的研究者都惊讶地发现，二八定律可以适用于任何一个行业的总结，对任何事情做出解释。这个世界本来就没有绝对的公平，但在规则的层面却是十分公正的，那就是优秀的人总能脱颖而出。这种公正却不公平的不平衡性，在社会、经济及生活中应该说是无处不在。

二八定律就是用这种不平衡性告诉我们：我们永远不要平均地分析、处理和看待问题，比如在企业经营和管理中，重要的是抓住关键的少数，找出那些能给企业带来 80% 利润、总量却仅占 20% 的关键客户，要加强服务，达到事半功倍的效果；作为管理者，你永远要将主要精神投入到主要问题上，才能提高效率，为企业创造更大的财富空间。在我们的生活中，关键的是去做最重要的事，剔除那些占据 80% 却无法产生足够价值的垃圾信息，集中力量在少数几件事上做好、做精，才能提升我们的高度，在某一个领域走得更高，而不是处处用力，却处处都做不好。

因此我们说，只有深刻地理解并懂得运用二八定律，公司才会获得更大的利润，而你才能得到最大的成功。

◎ 20% 决定你的成功

正如前面所言，如果你雄心远大却平均用力，极力地想处理好每一个环节（信息），你的生活将一团糟。看似你对每一件事都无比用心，实质根本没有效率。真理是，我们只能经营好 20% 才有可能把事情做好，这是无论任何一个行业的普遍规则。

为什么说 20% 才决定你的成功呢？它的基本内容分为如下的几个部分：

"二八管理定律"

作为一家企业，主要抓好 20%的骨干力量的管理，再以 20%的少数员工带动 80%的多数员工，以提高企业的效率。如果需要管理自己，也是这样的规律：你需要将生活中的 20% 的主要事情做好，再用这些主要的事情去附带解决其他 80% 琐碎的事情。

★把自己当成一家公司来管理，严格遵守二八法则，你会发现自己的生活越来越轻松，而做事的效率也越来越高。

“二八决策定律”

最重要的决策永远是关键，越是高阶的管理者，他们就越需要抓住企业存在普遍问题中的最关键性的问题进行决策，以达到纲举目张的效应。很难想象，一个公司老板会整天过问饮用水怎么使用才节省资金。他要做的是选择对公司最有利的经营策略，以及在各项重大问题上做出决定。

★生活中不是每件事都需要你做出决定，学会无为而治，将不重要的事情放到一边而且最好忘掉，对你的现在和未来不会有什么影响。相信我，很多琐碎的事情其实并不麻烦，只要你换一种心态。当你不在主观上认定它的“重要性”时，它自己就能解决，根本不用你出手。

“二八融资定律”

80% 的资金用来支持公司 20% 的项目，只有这样，有限的资金才能得到最大程度的优化，提高资金的使用效率，这是二八融资定律。想一想现在的世界是不是如此？如果你在每一个项目中都平均切割资金的投入，最后你就会发现几乎所有的项目都是半成品，当然那些根本产生不了盈利的垃圾项目除外。

★这表明，当你准备分配自己的精力或资金时，首先要做的工作是确定哪些是黄金项目，哪些是次要的辅助品。无论是时间还是金钱的投入，都应该分清主次，就像一家公司总有主打品牌和小众产品一样。

“二八营销定律”

在销售中，顾客也分为重点群体和次要群体，聪明的经营者要抓住20%的重点商品与重点用户，在这个基础上进行渗透营销，起到牵一发而动全身的良好效果。有相关的调查也显示，凡是成功的企业，它们的产品都是抓住了最重要的那部分客户（长期客户和固定客户），而不是占据人数大部分的散户（随机性客户）。所以在营销中，成功的营销都是针对20%的客户来宣传产品，这个比例也决定了营销成本和方案的制定。

对商场上的成功者来说，二八定律就是告诉管理者，我们在工作中不能“胡子、眉毛一把抓”，而是要抓关键人员、关键环节、关键用户、关键项目、关键岗位，主次分明，统筹安排，才能高效率地完成企业的经营计划。

当你能够做好这些关键的20%时，成功就离你不远了！

◎ 二八定律的不平衡性

在现如今高速运转的世界里，二八定律已经越来越深入到人们的生活中和各行各业中。通过广泛地调查和分析，我们可以发现无论是在传媒业、广告业等新兴行业，还是其他任何行业，二八定律的不平衡性都能明显地体现出来。

• 技术的价值 •

比如在传媒业，从产值上来看，其中80%的利润都来自技术设备业，而只有20%的盈利是来自内容产业。技术与内容的二八对应，正好体现了其中倒转的不平衡性，常人通常觉得信息与内容才是传媒的主体，因为它们铺天盖地，整天出现在我们眼前，是我们接收端的产品。可事实恰恰与此相反，最重要的产出是输出端部分。其他很多行业也是如此。这对投资者的启示是：只有加强技术研发，才能占据行业的高端。当技术优秀时，内容才会高端。

• 市场的占领法则 •

传播学的原理告诉我们：当产品同质化时，方便才是产品被选中的决定性因素。比如在电视行业，虽然互动电视用机顶盒可以来完成观众与节目的互动，但是电视与短信互动的成功，却再一次验证了上述事实：谁方便，谁就能占领市场。比如在网络领域，永远都是短信和游戏等方便、低价的产品能够大大地超越电子商务业务，成为消费者的首选。一种操作复杂的产品很难赢得消费者的喜爱，就像电脑一样，假如我们输入一个字需要敲击十几个键，这种输入法就会注定被淘汰。同样，如果在生活中完成一件事情的方法过于烦琐，我们也不会接受使用，而是会去寻找其他的便捷手段。因此，用一句话总结就是：简单实效才会赢！

• 娱乐的二八法则 •

我们前面说过，在传媒业的产值当中，80%的利润来自技术设备业，

20% 的利润来自内容产业；而传媒的内容业 20% 的产值在新闻，80% 的产值却在娱乐。例如美国的新闻广播电视网 ABC、NBC、CBS、CNN 就悉数被娱乐巨头收购，因为即使是单纯的新闻业也会出现严重的娱乐化态势。而新闻集团的收入结构是这样的：40% 来自新闻业，60% 来自娱乐业，其中新闻部分主要来自其大众性的报纸，像维亚康姆、时代华纳、迪士尼、贝塔斯曼、威望迪环球、索尼等巨头的业务 80% 以上都集中在娱乐领域。

这就告诉我们，虽然新闻无比重要，但娱乐休闲才是人们的主要追求。人们把 20% 的时间用来关注严肃类新闻，80% 的时间拿去享受生活。人们也会把 20% 的时间用来创造，另外 80% 的时间什么都不做，这是由人性的本质决定的。

• 副业的提升 •

我们在前面就说了，在很多行业里，一家公司只有 20% 的收入来自主业，另有 80% 的收入来自相关商品的开发。比如文化类公司，我们这里所说的相关商品开发是指以内容主题、角色、影像、形体、名号、事件、创意为蓝本设计，制造、销售相关商品。正是相关商品的开发才使得文化节目走下了屏幕、报刊跳出了本业，从而成为大众日常消费品，获得了长久的生命力。

就像很多人的工作一样，他们 20% 的收入来自工资，另有 80% 却是源于股票和房产出租，具备了真正的不平衡性。相信我，在一个发达的社会，人们的收入一定会越来越产生这样的特点。判断一个社会阶层是否富裕的主要标志之一，就是看它的副业是否发达，比如社会的服务业，个人的其余收入。

最不可忽视的贵宾法则

为什么叫贵宾法则呢？因为我们会发现，给一家公司带来80%利润的是只占20%的客户。而20%的强势品牌，却能够占有80%的市场份额。按照这个原则，如果我们能把这20%的客户找出来，为他们提供更好的服务，这对公司的发展和业绩的增长无疑是最大的帮助。不管哪个行业，你都会发现具有这样的明显的特点。这20%就是贵宾客户，就像财富分配中的精英部分，而另外的80%则是普通客户。

我们不妨来总结一下：首先，面向大众的产品，其80%的收益来自于20%的客户，综上所述，这已经是一个人所共知的常识；其次，行业内80%的收益总是来自20%的市场，比如北京、上海、广州或国外的超级都市，以及20%的发达地区，无论你以任何类型的形式来做对比，如城市、地区、国家或世界范围，都会得出下面的结论：

20%的地区拥有80%的购买力，另外80%的地区只有20%的购买力；20%的国家控制着这个世界的话语权，另外80%的国家只能跟着打酱油；20%的企业掌握着全球80%的资本，它们是资本市场的风向标和方向盘，其余80%的公司则是墙头草顺风倒，是在夹缝中生存的“服务生”。

二八品牌法则

一般来说，第一品牌的市场占有率比第二品牌能够高出1倍以上，所以在行业中它是价值最大的品牌。也就是说20%的强势品牌，它们能够占有80%的市场份额。正如我们所看到的，在互联网的世界里，中国的三大门户网站无论是在吸引力方面，还是收入方面都占据着网络产业的绝大部分，它们是二八定律中的市场份额的“八”，是精英部分的“二”。在二八品牌法则中，我们会发现，任何一个行业都会有一个“领头羊”，它们难以挑战，优势巨大；就如同每一个团队都会有一个权威领袖，其他人只能在他的带领下，维护和保证这个团队的秩序。即便你想对他发起挑战，也要遵守规则。

其实，二八定律之所以能得到业界的大力推崇，并且成为一个既定事实和现象，就在于其中蕴藏着“有所为和有所不为”的聪明的经营方略，确定了主体的发展视野。所以，对想建立品牌的发展者来说，要用好二八定律并从中受益，首先应该弄清楚企业中的 20%到底是哪一些，从而将自己经营管理的注意力集中到这 20%的重点经营业务上来，并适当地采取有效的倾斜性措施，以确保重点方面取得重点突破，进而带动全面，取得企业经营的整体进步。

• 无法回避的二八决策定律 •

一个小的诱因、投入和努力，通常就可以产生大的结果、产出或者酬劳。这句话就字面的意义来看，是指你完成的工作中，超过 80% 的成果只来自你 20% 的付出。因此，我们可以总结出：对我们所有的实际目标，80% 的努力——也就是付出的大部分努力，只与成果有那么一点点的关系。这种情况看似有违常理，却非常普遍，是我们无法回避的二八决策定律，对任何老板和上司都是如此。

所以，二八定律在这里指出：在原因和结果、投入和产出，以及努力和报酬之间，总是存在着一种不平衡关系。但它为这种不平衡的关系提供了一个非常好的衡量标准：

80% 的产出，来自于 20% 的投入；

80% 的结果，归结于 20% 的起因；

而 80% 的成绩，则归功于 20% 的努力。

• 不平衡的二八营销 •

营销与决策密不可分，于是，无论是在商界还是在人们的生活中，到处都存在着这种现象，只要细心观察，你就会发现：往往 20% 的产品或 20% 的客户，却为企业赚得了约 80% 的销售额，他们之间是存在必然联系的。当你用 4/5 的精力去做 1/5 的决策时，就注定了将在营销收入中体现出二八分配的规律。

换言之，在原因和结果、投入和产出、努力和报酬之间存在的这种不平衡关系下，会产生两种不同的效果：一种是多数，它们只能对我们造成少许的影响；另一种即少数，它们却会对我们造成最主要的和最重大的影响。

如果没有特殊的情况，大的产出和报酬总是由于少数的原因、投入和努力产生的。就像决策定律为我们体现的，在营销上同样如此。

我们在生活中也可以发现此类现象，比如，电脑 80% 的故障经常是由 20% 的原因造成的；我们一生使用的 80% 的语句是用字典里不过 20% 的字组成的；在考试中，20% 的知识可以为你带来 80% 的分数；在生活中，我们 20% 的朋友，占据了超过 80% 的时间与我们相处；20% 的罪犯的罪行，占到了所有犯罪行为的 80%；20% 的汽车狂人，他们疯狂地引起和制造了多达 80% 的交通事故。

再比如，一个科学的统计数据显示，世界上大约 80% 的资源，是由世界上 15% 的人口所消耗；80% 的能源都浪费在无效的燃烧上，只有其中的 20% 可以应用到车辆中起到作用；在一个国家的医疗体系中，20% 的人口与 20% 的疾病，它们会消耗掉国家 80% 的医疗资源……

诸如此类，都向我们证明了二八定律的不平衡性。不平衡的分配无处不在，没有人、力可以改变；任何试图强行改变的行为，都会造成另一次二八定律的卷土重来。所以，尊重二八定律，同时在这个基础之上去做积极的引导，因势利导，才能让事物向着对我们有利的方向转化。

◎ 需要警惕的二八现象

如我们所看到的，二八定律简直无孔不入，它的威力已经渗透到我们生活的各个环节。特别是对于一直在股市摸爬滚打的各位人士，二八定律所产生的怪现象也正悄悄地敲下警钟。对生活中的我们来讲，如果不知道规避和利用二八定律的消极和积极面，也会难免到处碰壁，失败了还不知所以然，不清楚原因。

• 掌握二八法则，投资才能成功 •

我们知道，股市中一直存在着这样一种现象：有80%的投资者，他们只想着怎么赚钱，仅有20%的投资者会首先考虑和设计到万一赔钱时的应变策略。而结果也往往是只有那20%的投资者能长期盈利，其余的80%投资者却常常赔钱。

这一现象很无情地告诉我们，无论哪个行业，失败的投资者往往超过了八成，真正可以取得成功的投资者只占两成。

为什么会这样呢？因为只有20%赚钱的人，他们掌握了市场中80%正确的有价值的信息，而80%赔钱的人却是出于各种原因，他们没有用心地收集资讯，仅仅是通过股评或电视掌握到20%的信息。这就注定了80%的人只能有20%的资讯正确率，当然成功率也仅仅是20%而已了。

再比如，当80%的人看好后市时，股市已接近了短期的头部，当80%的人看空后市时，股市已接近了短期的底部。他们总是慢了一步，只有那些20%的人可以做到铲底逃顶，而80%的人是在股价处于半山腰时买卖的，于是就成了被割血套牢的倒霉蛋。

在市场中，也只有占20%的大盘指标股对于指数的升降能够起到80%的作用，所以我们在研判大盘走向时，要密切地关注这些指标股的表现。但是显然，大部分人并没有注意到这里面的二八现象。

而且在股市中的每一轮行情中，只有20%的个股能成为黑马，80%的个股会随着大盘进行起伏。也就是说，80%的投资者会和黑马失之交臂，仅有20%的投资者能够与黑马有一面之缘，有机会把握那些稍纵即逝的盈利之机，所以能够真正地骑稳黑马、大赚一笔的投资者，更是少之又少了。

有时候，这与天分或能力无关，而与规律有关。就像上帝闭着眼睛划定了一个范围：这边是二，那边是八，两边的人是流动的，但无论如何流动，这个比例难以改变。

从股市的投资方面来看，也是如此。80%的投资利润来自20%的投资个股，其余20%的投资利润来自80%的投资个股。而总体的投资收益，则有80%来自20%的交易，其余80%的交易只能带来20%的利润。所以，对精明的投资者来说，他需要用80%的资金和精力关注其中最关键的20%的投资个股和其中20%的交易。

从主流资金的流向来看，在股市中，20%的机构和大户占有80%的主流资金，而80%的散户却只占有20%的资金，所以，一个聪明的投资者，他只有把握住主流资金的动向，才能稳定地获利，不至于因为判断失误或盲目的特立独行招致损失。

从股价的变动状态来看，股价在80%的时间内是处于量变状态的，仅在20%的时间内是处于质变状态的。成功的投资者，他会用20%的时间参与股价质变的过程，用80%的时间休息和调整；失败的投资者呢？他们往往用80%的时间参与了股价量变的过程，只拿出20%的时间来休息。

总而言之，在充满不定因素的股市里，只有把80%的时间用来学习研究，用20%的时间实际操作的才是成功的投资者；而用80%的时间实盘操作，用20%的时间后悔的注定只能是失败的投资者了。显然，这是二八定律对万千股民的善意提醒和严肃的警告。

• "长尾理论"：突破二八定律的尝试与风险 •

二八定律永远存在，不过，也并非无法打破。比如长尾理论，就是对传统的二八定律的一种彻底叛逆。这并不难理解——人们一直在用二八定律来界定主流，计算投入和产出的效率，它的强大力量贯穿了我们的整个生活和人类的商业社会。比如在市场营销中，为了提高效率，厂商都习惯于把精力放在那些有80%的客户去购买的20%的主流商品上，着力于维护购买其80%的商品的20%的主流客户，这也是上节讲到的贵宾客户。

被忽略不计的80%就是长尾，长长的尾巴，意喻了这一部分的不重要性。但是总有些人是不服气的，他们希望开发这一市场，并改变二八定律的主宰。比如有人就说："我们一直在忍受这些最小公分母的专制统治……我们的思维被阻塞在由主流需求驱动的经济模式下。"

二八定律控制了一切，但是在互联网的促力下，情况似乎有了被改变的可能性。这一点，在媒体和娱乐业上表现得尤为明显，内在的经济驱动模式呈现出了从主流市场向非主流市场转变的趋势。

我们说到的长尾理论，就是反其道而行之，去抢占 80% 的市场，用 80% 去击败 20%。在互联网的世界中，20% 的精英产品似乎已经不足以垄断整个市场，99% 的商品都有机会进行平等销售，在市场曲线中，那条长长的尾部（所谓的利基产品）也跟着咸鱼翻身了，成为人们可以寄予厚望的新的利润增长点。

不只在互联网以及娱乐媒体产业，长尾理论甚至对经典商业活动中的 20/80 定律也产生了颠覆的效果。二八定律关注的是精英部分，认为 20% 的品种带来了 80% 的销量，所以应该只保留这部分，其余的都应该舍弃。长尾理论则关注 80% 的产品部分，认为这部分积少成多，虽然目前很少但可以积累成足够大，甚至超过精英部分的市场份额。

很多人都在进行尝试，但许多尝试中的失败者，他们并没有真正地理解长尾理论的实现条件。

第一，长尾理论统计的是销量，并非利润。

对成本的管理，是其中最为关键的因素。因为销售每一件产品，都需要一定的成本，增加品种所带来的成本我们也要分摊。所以，每一个品种的利润与销量是成正比的，当销量低到一个限度时，我们就会亏损。

要知道，理智的零售商是不会销售会引起亏损的商品的，这就是二八定律的基础。同时，资本的逐利属性，也应该是长尾理论的实现前提。

比如超市，它们是通过降低单品的销售成本，从而降低了每个品种的止亏销量，扩大销售品种。超市为了吸引顾客和营造货品齐全的形象，甚至可以承受亏损来销售一些商品。但现实是，迫于仓储和配送的成本，超市在这方面的承受能力是极为有限的。

而互联网企业则有这方面的有利条件，它们可以进一步降低单品销售成本，因为它们甚至没有真正的库存，而且网站流量和维护方面的费用，远比传统的店面要低，所以它们能够极大地扩大销售品种。况且，互联网经济有赢者独占的特点，只要你赢了，后面可以为所欲为，整个市场都是你的。所以，有些网站在前期可以不计成本疯狂地投入，这更加剧了品种的扩张。

如果互联网企业销售的是虚拟产品，它们则在支付和配送方面的成本几乎为零，可以说，它们能够把长尾理论发挥到极致。Google Adwords 和 iTune 音乐下载都属于这种情况。

也就是说，只有虚拟产品的销售天生适合长尾理论。

第二，我们要想使得长尾理论更加有效，就应该尽量地增大尾巴，也就是降低门槛，制造小额消费者，但是这并不容易。

要想抓住并且扩大 80% 的消费者，总是极为困难的。这就是为什么我们一直在强调，只有互联网公司才具备这样的条件。因为不同于传统商业的拿大单以及传统互联网企业的会员费用，新一代的互联网营销战略，通常会把注意力放在把蛋糕做大上。也就是说，它们通过鼓励用户尝试，将众多的可以忽略不计的零散流量汇集在一起，最终在一个开放的空间中，产生巨大的商业价值。

这里有一个独一无二的先天条件，将这些零散消费者收集起来的过程，他们不需要支付“路费”；互联网的无与伦比的传播速度和巨大的传播效应，可以用最低的成本帮助他们完成这一切。

比如 Google Adsense，在它之前，普通的个人网站几乎没有任何的盈利机会。Adsense 通过在小网站上发布一些相关的广告，带给站长们一种全新的低门槛的盈利渠道。同时，再把众多小网站的流量汇集成为统一的广告媒体。一个巨大的平台就形成了，80% 具备了战胜 20% 的力量。

不过，问题仍然存在。最重要的就是成本，我们逆转一种传统定律，成本的风险始终会潜伏在暗处，如果你处理不好，代价和成本就会迅速上升，成为主要矛盾。就如同 Google 公司一样，虽然它们是通过算法降低人工管理的工作量，但也仅仅做到了差强人意。因此，无论对于任何人，应用于任何事，我们使用长尾理论都必须小心翼翼，需要保证任何的一项成本都不会随着 80% 量的增加而激增，否则，我们就会走入死路。

最理想的长尾理论的商业模式是：成本是一个定值，而销量却可以无限地增长。可是，世间有这样的好事吗？所以，对我们的生活和商业起到支配作用的，仍然是二八定律。

很显然，我们在生活中想用长尾理论颠覆二八定律的控制，几乎就是一种注定失败的冒险。你想放弃对你来说最重要的事吗？你是希望用 80% 的时间去处理那些不重要的事，还是盼望它们能够提升生活的品质呢？这是不可能会发生的。

做任何事都需要付出成本，比如你的公司这个月做了 10 个项目，前 8 个项目只获得了 80 万元，而后两个项目却获利 200 万元。这说明最后两个项目是你最重要的收入支柱。那么好了，现在你想实践一下长尾理论，即：拿出更多的精力，放到前 8 个项目中，你理想的结果是，这 8 个项目在投入更大的成本后，平均获利也能达到每个 100 万元。

在下定决心后，你的计划开始付诸实施。但是一个月后，你会发现公司的总收入不但没有增加，反而减少了 200 万元。你只做了 8 个项目，而且它们的总获利还是 80 万元。这是为什么？此时你才发现自己犯了最基本的错误：

1. 每个项目都已经达到最高的获利值，就像每件事其实本来已经做得足够好，没有再往上提升的空间。

2. 多消耗的成本一定会吃掉盈利。

3. 在更重要的项目上损失了精力，使得盈利再次大幅度下降。

最后的结果就是，运用长尾理论的目标不但没有实现，80% 无法击败 20%，反而让你丢掉了对你来说最为重要的项目（事情），挑战二八定律的后果可谓惨痛。

◎ 二八定律与我们的生活

二八定律就像公式一样定位着我们的生活，总结着人们的行为，以及支配着我们大多数人的人生规划。比如，这个世界上只有 20% 的人成功，另外 80% 的人都不成功或者差强人意；有 20% 的人用大脑赚钱，80% 的人则需要用体力赚钱；有 20% 的人花钱买时间，80% 的人却卖时间换钱；20% 的人支配别人，80% 的人则受人支配；20% 的人需要一名好员工，80% 的人则需要一份好工作；20% 的人把握住了机会，80% 的人则经常错失机会；20% 的人有目标，80% 的人爱瞎想；20% 的人按成功的经验行事，80% 的人按自己的意愿行事；20% 的人在放眼长远，80% 的人只顾眼前；20% 的人明天的事情今天做，80% 的人今天的事情明天做；20% 的人受成功的人影响，80% 的人受失败的人影响；遇到困难，20% 的人会坚持，80% 的人会放弃。

也许你正是那 80% 中的一部分，但是你无能为力，你怎么都不知道自己应该如何跳出 80% 的范围，跨进 20% 的行列。但是，只要你记住下面这三点，你就有可能成为 20% 的那一部分。

• 抓住主要矛盾，始终处理最重要的事 •

凡事都存在着主要方面和次要方面，当然就存在着主要矛盾和次要矛盾，这就要求我们在做任何事情的时候都要注意到，凡事一分为二，找到其中的分歧点，着重解决最重要的问题，把次要的事情放到一边，一会儿再做或者干脆不做。

比如华夏基金的巩怀志先生说：“投资就是要看准并且抓住市场的主要

矛盾。”投资赚钱如此，其他的事情也同样是这样的。

我们可以这样说：最成功的那些人所具备的素质之一，就是他们在其职业生涯的某一个时刻能够做出最重要的选择，解决最主要的问题。当他们抓住这 20% 的事情时，就会投入全部的力量，表现出卓越的才能，而且不在乎要付出多少时间，付出何种代价和牺牲。

美国伯利恒钢铁公司总裁查理斯・舒瓦普曾向效率专家艾维・利请教怎样才能更好地执行计划。艾维・利声称，可以在 10 分钟内给出一种方案，此方案能令伯利恒钢铁公司的业绩迅速提高 50%。

他首先递给舒瓦普一张白纸，说：“请在这张纸上写下你明天要做的 6 件最重要的事。”舒瓦普想了想，用 5 分钟写下了 6 件事。艾维・利接着说，“现在用数字按顺序标明每件事对于你和你的公司的重要性。”舒瓦普又用了 5 分钟，完成了对 6 件事的标注。

艾维・利说：“好了，把这张纸放进口袋，明天早上第一件事就是把它拿出来，做最重要的第 1 项。先不要看其他的，只是第 1 项，着手办这一项，直到完成为止。然后用同样的办法对待第 2 项、第 3 项……直到你下班为止。如果只做完第 1 项，那么不要紧，因为你总是在做最重要的事情。”

艾维・利最后说：“每天都要这样做。你刚才看见了，只用 10 分钟的时间你对这种方法的价值便深信不疑，叫你公司的人也都这样干。这个试验你想做多久就做多久，然后给我寄支票吧，你认为值多少钱就给我多少钱。”

一个月后，查理斯・舒瓦普给艾维・利寄去了一张 2.5 万美元的支票，并附上一封信。信上说，艾维・利给他上了一生中最有价值的一课。5 年之后，这个当年不为人知的小钢铁厂一跃成为世界上最大的独立钢铁厂之一。

从这个故事我们就可以看到，伯利恒钢铁公司的发展壮大，就是因为它每天都在做重要的事。当你还在为小事斤斤计较、患得患失、烦恼不已时，是不是该提醒一下自己呢？人的时间和精力都是有限的，如果你总是过分地在小事上劳心费神，就会荒废了那些关键的事情，从而荒废了自己的整个人生。

1996年，美国著名的电视节目《晚间商业新闻》与沃顿商学院联袂评选出了25年来最有影响力的25名商业领袖，英国的头号企业、维珍集团的老板理查德·布兰森就名列其中。他为什么得选呢？因为他一共参与创办和管理了350多家企业，并把这些分散在各领域的众多公司打理得井井有条。做到这一点确实是难能可贵的，超过96%的英国人都熟悉维珍品牌，有95%的人都能说出维珍集团创始人布兰森的名字。但是布兰森却透露了自己取得成功的关键，那就是要具备诚信、鼓励和只做最重要的事的素质。

只做最重要的事，也就是解决少数矛盾。在这方面，他很善于利用和投入时间。他用1/3的时间找问题，1/3的时间考虑新项目，其余1/3的时间用于扩展企业。他说："当我认为我做的事的确与众不同时，我才会花时间来谈论它们、推动它们、进行市场策划。我可不想把生命浪费在连自己都不引以为荣的事情上。以这个目标来衡量准备做的事，你就会省出不少时间。"

每个人都对人生有所期待，都想实现自己最美好的理想，所以每个人都比较关心怎样才能取得成功这个问题。从根本上来看，要想取得成功，必须具备较高的素质，如果你的素质不高，那么你就得提高自己的素质，如果你提高不了，那就打消成功的念头吧。

博恩·崔西曾是比尔·盖茨的业务导师，巴菲特、迈克尔·戴尔和杰克·韦尔奇都曾听过他的演讲。他是全美最具影响力的演说家和成功学讲师，曾经在43个国家举行演讲，足迹遍布92个国家。

他说："平庸的人往往把那些容易的事情放在最前面，而优秀的人则把那些最重要的、最能带来价值的事情放在前面。所以我们经常看到两个人可能同样忙碌，但因为对事情排列的顺序不同，所以达到的成就也就大不一样了，这就是事情的区别。"

什么是成功的素质？这就是按照二八定律的分配规律，将最主要的精力用在最重要的事情上。工作对你而言，不是一场无止境永远也赢不了的赛跑，而是可以带来丰厚收益的活动。遗憾的是，在我们的周围有太多的人，他们努力想把所有的事情都做好，最后反而什么都没有做好。

在这里，我们可以给渴望成功的人提供一个理念：如果你不能关注那些最主要的矛盾，针对性地提高自己的素质，那就别把成功看得那么简单；如果你已经具备了这样的能力，那就不需要把成功想象得那么复杂了。

• 寻找生命中的20%，让它得到关键性的成长 •

二八定律认为，我们能够以比较小的诱因、投入和努力，就能产生出较多的产出和酬劳。一句话，寻找生命中的20%，让它得到关键性的成长。

这就是说，对一个人的成功来说，其实他要做的真正重要的决策并不多，只有20%是关键性的，不可犯错误的。所以，我们在做任何的决策之前，你可以先想象你眼前有两个文件盒，一个标上"重要"，另一个标上"不重要"，你在脑海中对它们进行分类。要记住，在20件决策里只有一件会放进"重要"的那一栏，所以在分类之后，我们就不要再为那些不重要的决策伤脑筋了，千万不要再花大钱和费大精力去做分析了。

你需要做的是尽可能把这些不重要的事授权给下属或助手来决定，如果你无法授权，就应该想想哪一个决定有51%以上的胜算。如果没有，你就要果断放弃；如果有，你可以倾全力解决。

如果你所做的决定看起来是毫无成效的，那么你就要趁早改变自己的策略。何为市场呢？务实有效的收获区域才能叫作市场。这种根本性的解释，可比什么样的分析都管用。

所以，在做事的时候，我们千万不要害怕做实验，只要你能找到那些重要的 20%，你为此进行的所有的实验和投入都将是有效的，一定能带来可观的回报。

• 充分体现团队的力量 •

团队财富的 80% 是由团队中的 20% 的成员所创造的，那就是说假如你的公司已经处在利润与成员的不平衡点之上，而你的团队也不能为此马上带来新的财富价值，那么你就必须果断选择马上裁员。

同时我们也会发现，由不同风格成员组成的企业团队，他们往往能够形成优势的互补，更加容易取得成功。

举个有趣的例子：唐僧与 3 个性格迥异的徒弟组成的取经团队，他们历经百险，坚定地朝目标前进，终于求取到了真经，可以说，这就是一支非常成功的团队。唐僧尽管能力不是最强，却是其中的核心，没有唐僧，取经就没有意义；孙悟空不太听话，但他是团队中水平最高的人，是团队的支柱；沙僧能力平庸，可他尽职尽责，苦活、累活都干；猪八戒则像团队中的一个润滑剂，能力一般，忠诚度一般，但他能调节团队气氛。

但是，他们之中如果要牺牲掉一个人呢？你应该知道会是谁，他一定是猪八戒，对团队的价值贡献最小的人，这也是二八定律在起作用。孙悟空是师徒 4 个人中的 1/4，重要性却占到了 80%，另外的 3 个人中，唐僧占到 10%，沙僧占到 8%，猪八戒只占 2%。因为充其量猪八戒只是跟着打秋风的，他从团队中获益，是需要团队拯救的人（为唐僧服务，洗清以前在天界犯的错），而不是团队需要他提供最重要的支持。也就是说，当你带领一个团队时，你要懂得二八定律应该起到什么作用。每个团队都会由重要的 20% 和次重要的 80% 共同组成，盈利时，每个人对团队都很重要，但当企业无法产生新价值时，80% 的部分就不得不面临缩水，你必须学会在次重要的人员中找出“团队不需要”的人，果断地瘦身。

团队的力量之所以强大，就是因为团队总能优胜劣汰，始终保持 20% 的最精英力量。对于这部分人，我们称之为“骨干”。团队的发展秘密就是建设一个强大的骨干，使他们保持忠诚并且能干，对整体的利益帮助最大，并且另外的 80% 围绕着他们运转，配合他们的工作。

第2章

蝴蝶效应

◎“连环案”——蝴蝶效应

◎差之毫厘，谬以千里

◎从现在开始改变未来

◎"连环案"——蝴蝶效应

用比较物理一点的解释来说，蝴蝶效应（The Butterfly Effect）是指在一个动力系统中，初始条件下任何一个微小的变化都能带动整个系统的长期的、巨大的连锁反应。这是一种混沌现象。比如，蝴蝶在热带地区轻轻地扇动一下翅膀，产生的风力在另一个遥远的国家就可能会造成一场飓风。只不过，这是一个连环的漫长的演变过程，并不会马上就显现出来，而是需要相当长的时间，且容易被人们忽视。

关于蝴蝶效应的提出者，我们在前言的时候已经提到过了，他是美国的气象学家爱德华·洛伦茨。他在1963年向纽约科学院提交的一篇论文中曾经对这个效应做了分析，他说："一个气象学家提及，如果这个理论被证明正确，一只海鸥扇动翅膀足以永远改变天气变化。"在以后的演讲和论文中，他使用了更加有诗意的"蝴蝶"这一形象进行描述。

对于这个效应，最常见的阐述通常是："一只南美洲亚马孙河流域热带雨林中的蝴蝶，偶尔扇动几下翅膀，可以在两周以后引起美国得克萨斯州的一场龙卷风。"持怀疑论者可能会对此张大嘴巴，一点也不相信，但这丝毫不夸张，而是一个科学事实。其原因就是蝴蝶扇动翅膀的运动，会导致其身边的空气系统发生变化，并产生微弱的气流，而微弱的气流的产生，又会引起四周空气或其他系统产生相应的变化，由此引起一个连锁反应，最终导致其他系统的极大变化。这就是爱德华著名的混沌学理论，两者是相通并且基于一体的。

出于对气象学研究的热爱，爱德华·洛伦茨曾经制作过一个电脑程序，这个程序可以模拟气候的变化，并且用图像的形式来表示出来。比如在1963年的一次试验中，为了更细致地考察结果，他把一个中间解0.506取出，提高精度到0.506127再送回。而当他到咖啡馆喝了杯咖啡后回来再看时，顿时大吃一惊：本来只是很小的差异，由此计算出的结果却足足偏离了十万八千里！再次验算，他发现计算机并没有毛病。

爱德华由此发现，由于误差会以指数级增长，所以在这种情况下，一个微小的误差随着不断推移将会造成截然不同的后果。由于图像竟然是混沌的，而且形状特别像一只蝴蝶张开的双翅，因而他形象地将这种“对初始值的极端不稳定性”的现象以“蝴蝶扇动翅膀”的方式进行阐释，于是便有了“一只南美洲亚马孙河流域热带雨林中的蝴蝶，偶尔扇动几下翅膀，可以在两周以后引起美国得克萨斯州的一场龙卷风。”这样一个惊世的经典说法。

这个发现当然非同小可，以至于许多科学家对此都不理解，几家科学杂志也都拒登他关于这个理论的文章，他们认为这是“违背常理”的：相近的初始值代入确定的方程，结果也应相近才对，怎么会大大偏离呢？甚至有人说：“爱德华先生，别逗了，这是不可能的，我们不会刊登疯子的言论！”

原因在哪里？因为这里涉及了两个比较学术的概念：线性和非线性。

所谓线性，是指量与量之间按比例、成直线的关系，在空间和时间上代表规则和光滑的运动；而非线性则指不按比例、不成直线的关系，代表了不规则的运动和突变。我们举一个简单的例子：两只眼睛的视敏度是一只眼睛的几倍？大家很容易想到的是两倍，可实际上却是6—10倍！这就是非线性：1 + 1并不等于2。

现实生活中关于非线性的例子很多，比如激光的生成就是非线性的。当外加的电压较小时，激光器就犹如普通的电灯泡，光会向四面八方散射，力量较弱；而当外加电压达到某一定值时，则会突然出现一种全新的现象：受激原子好像听到“向右看齐”的命令，发射出相位和方向都一致的单色光，就是激光。人们只看到了激光的强大，却通常想不到在初始时，它和电灯泡没什么区别。

非线性具有“横断各个专业，渗透各个领域”的特点，它几乎可以说是“无处不在而且时时有”。比如，天体运动存在着混沌；电、光与声波的振荡，会突陷于混沌；地磁场在400万年里，方向突变了16次，也是由于混沌的特性；甚至于人类自身，原来都是非线性的：与人们传统的想法相反，健康人的脑电图和心脏跳动并不是规则的，而是混沌的。

混沌，正是生命力的表现。混沌系统对外界的刺激反应，比非混沌系统要快很多。

如果运用马列主义的辩证思维来看，这就是量变与质变的关系。一个很小的量变，会引起更多的量变，逐渐汇集到一起，达到一定程度时，就会引发质变。当质变发生时，人们都会感到震撼，但大部分人都想不到，引起这场质变的最初因素，只不过是当初一个小小的条件（几乎所有的人都会忽视而且看不到的微小的量）。

通过分析，我们可以对蝴蝶效应的含义进行一下阐述：即对于一切复杂系统，在一定的“阈值条件”下，其长时间大范围的未来行为，对于初始条件数值的微小变动或偏差极为敏感，也就是说，初始值稍有变动或者偏差，都会导致未来前景的巨大差异，这往往是难以预测的，或者说带有一定的随机性。

十定律
万能实用手册

TEN

MYSTERIOUS

RULES

二八定律
找到自己的 20%

二八定律反映了一种财富和机会分配的不平衡性，但它却在社会生活中有广泛的应用，要想避免掉进二八分配的陷阱，就不能平均地分析、处理和看待问题，无论是企业经营，个人的管理，都要抓住关键的少数，找出那些能给我们带来 80% 回报、总量却仅占 20% 的关键内容，达到事半功倍的效果。

核心理念

20% 的资源与 80% 的资源活动有关。

个人管理

●明确奋斗目标

弄明白对自己最关键的事情是什么，确立最想实现的计划，并为它分配最多的时间。

●寻找生命中的贵人

20% 的人脉决定你的全部，因为朋友不在于数量的多少，而在于他真正的价值。所以，人脉的主要目标，就是找到对你最重要的人。

●强项和速度

发现自己的优势，尽一切力量强化它；找到最容易成功的途径，少走弯路，以免浪费多余的精力。

●最重要的事

倾注全部的精力，做好对你来说最重要的事情。在它没有完成之前，不要考虑其他。

●在现有的基础上再努力 20%

很多事情失败后才发现，自己只差一步就可以成功。所以，在你想放弃时，勉励自己再努力 20%。

●劳逸结合

记得从忙乱和窒息的工作中跳脱出来，享受生命中 80% 的快乐。

时间管理

●制订长远计划

明确态度，再排定先后顺序，定出远期和近期目标。

●遵守时间表

重新审视工作时间表，分出事情的轻重缓急，逐次完成。

●舍弃的勇气

要毫不留情地抛弃低价值的活动；永远先做最重要和价值最高的事情。

蝴蝶效应
细节为王

蝴蝶效应告诉我们，一个很小的过错，就可能会酿成弥天大祸。有些小事可以糊涂，但有些小事经过系统放大，对于一个组织和国家来说就很重要，是我们绝对不能疏忽的。因此，赢者细节为王！重视细节才能少犯错误。

核心理念

关注细节，原本十年的目标可以三年达成。

工作和事业

●谦虚地学习

要练真功夫，唯一的方法就是谦虚地学习。低下头，才能从最微小的变化中发现机会，并且及时地抓住。所以，从眼下的人和事开始，别再眼高手低，踏踏实实地对待自己的工作吧！

●每个细节都重要

培养自己重视细节的做事精神！就像日本寿险销售冠军柴田合子，她当初的工作是在一家公司做清洁工，但她清洗过的马桶都非常干净，以至于达到了里面的水都可以饮用的地步！她后来的成功，在这时就已经注定了！

●为小事登记

蝴蝶效应告诉我们，每个微小的环节都不能遗漏，否则有可能出大问题。所以，工作中为自己设立小事登记制度，将每件小事或数据都形成文字记录，时刻留意察看，以免出现误差或遗忘。

生活管理

●简单的事情重塑人生

别忽视那些看似简单的事情，因为正如电影《阿甘正传》中的台词，每件事情都是最重要的，就像爬一座山，过程很艰辛，但决定你是否能登上山顶的，是你迈出的每一步。所以，在爬山的过程中，不要只是盯着山顶，把精力用在自己的双脚上吧！

●好习惯这样养成

1. 睡前放电影：温习这一天的每个环节，检查有无失误，总结原因。

2. 细听：专注和耐心地听人说话，别漏下任何一个字。

3. 慎思：改掉大大咧咧的坏毛病，养成心细如发和勤于思考的好习惯。

墨菲定律
想到最坏的可能性

墨菲说任何事情只要有可能犯错，错误一定会发生。这表明，完美的计划是不存在的，任何事情都有出错的可能。但是错误和失败也并不可怕，只要我们勇于承担。要想让生活变得美好，就要努力寻找错误，并在它发生之前将漏洞堵住。

核心理念

想到最坏的可能，事情就能做得最好。

工作原则

●说到不如做到

一个人的实际能力与他的口号成反比。记住这句话，说什么并不重要，关键是怎么去做。

●别忽视简单的事

因为重要的事情总是简单的，而简单的事情却总是难以做到的。现实生活中，那些简单的事情最容易被我们忽视，所以也最容易出错。

●鱼与熊掌不可兼得

懂得抓住重点，不要分散精力，因为脑袋和屁股从来都不可兼顾。想要面面俱到的结果，可能就是处处出错。

●别做不属于你的工作

如果你在工作中完成了额外的任务，那么你今后总会被赋予这些额外的任务。

●全神贯注才能避错

老板总是在你犯错误时出现，而你只要想放松一下，就会犯错误。所以，时刻保持良好的注意力。至少，你应该在精神松懈时提醒自己：老板快来了。

●制定力所能及的目标

飞得高，就可能死得快；飞得又低又慢，才能很好地完成目标。很多时候，出错不是因为我们不够努力，而是目标超出了自己的能力范围。所以，控制野心，其实就是减少错误。

竞争原则

●时刻准备好

对手总会在以下两种情况发生时对你展开进攻：1. 他们准备好的时候；2. 你没准备好的时候。

●没有错误就意味着平庸

因为当你防守严密到敌人攻不进来时，那往往你自己也打不出去。所以，不可因噎废食，因为害怕出错而不敢有所作为。

●夹着尾巴做人的哲学

做事可高调，做人要低调。能坐着的时候绝不要站着，能躺着的时候绝不要坐着，能睡着的时候绝不要醒着。你应该把事情做好，并让对手忘掉你的存在。

●出头鸟第一个挨枪

当你想炫耀自己的时候，别忘了，有一种人会吸引对手最猛烈的炮火，就是现在的你。

吸引力定律
我思即我得

只要你想，你就能成功。吸引力定律给了所有人一次公平的机会，但是大部分人的思维模式都是先判断后假设，他们根据自我的经验及思维模式去判断，却没有实践的勇气。所以，梦想成真的前提是勇于实践，并选择正确的方向。

核心理念

只要释放自己的潜能量，就能实现内心的渴望。

三个步骤

●要求：对潜意识下达命令。

渴望实现某个目标，不能只是说说，我们需要将命令传达给内在的潜意识，方法是不断地灌输“我需要”，并让“我需要”成为主导潜意识的唯一命令，排除一切杂念，尤其是不愉快的思考。

●相信：打开心灵的大门，接受命令。

对希望完成的目标有100%的自信，并且分析愿望的可行性，以及产生强烈的付诸行动的欲望，使潜意识接受命令。

●接受：内心的渴望与想达到的目标相匹配。

必须内外统一，没有丝毫自我怀疑和自我否定。最怕的就是想做却不敢做，或者对于刚过去的失败念念不忘，使得“我害怕”的意识始终若隐若现。

开启潜能量的四项原则

●愿景和计划

想要的东西需要在脑海中形成清晰的图像，并且制订明确的计划，找到符合自己的模式。就像盖房子，我们必须熟悉这座房子每一个需要完成的环节，画出一张图纸。

●情感的导向

感觉好就做对了，感觉糟就是错（判断对错的标准）。

●坚定的信念

确立坚定的信念，对自己要有承诺，而且毫不怀疑地去展开行动，直到完成。

●表现和分享的欲望

去除自私的念头，愿意让别人分享你的成功，展现自己的团队领导力，可以调动的潜能量就会越来越多，梦想实现得就会越来越快！

帕金森定律
提高效率的好办法

帕金森定律认为，只要还有时间，我们的工作就会不断地扩展，直到用完所有的时间。时间永远不富裕，无论一个人多么富有精力，效率也总是越来越低下的。越是时间宽裕，反而越使人变得慵懒和缺乏动力。这表明，要想提高我们做事的效率，就必须懂得利用时间，以及针对性地进行用人管理。

核心理念

放下控制权力的欲望，才能提高效率，战胜平庸。

时间管理

●合作人数与完成时间成反比

我们会发现，许多工作之所以拖延不决，原因就是没有确立完成的标准。同一种工作，3个人和5个人的完成时间往往相同，人数越多效率越低。所以从现在开始，你应该明白：协作的前提是必须缩短时间，否则就是无效的。

●将时间纳入工作任务的管理计划

每天完成既定的工作量，今天做的事不要推到明天。最好给自己制定奖惩制度，每次拖延，都给自己一次惩罚。时间是工作任务的一部分，也应该列入管理的范围。

效率管理

●公正的任用决定效率

让每个人去干他最适合的事，并且独立完成。

●尽量别找帮手

当你需要帮手的时候，想一想，是不是自己真的不能完成?

●警惕权力的危机感

当你想要保住权力时，先确认以下问题：1.我的位置是否影响到了工作的效率? 2.对自己的真正威胁不是权力的丧失，而是我本身效率的低下。所以，解决危机感的最好办法，是提升自己的工作效率，而不是巩固自己的位置。

●用人权的限制

不要将用人权放到一个被招聘者的直接上司的手里，否则就会产生不公正的用人现象。

彼得原理
让自己变得胜任吧

我们知道，彼得原理道破了所有的阶层制度之谜，凡是一切层级制度组织，比如商业、工业、政治、行政、军事、宗教、教育等各个领域，都受到了彼得原理的控制。因此，它有时也被称为“向上爬”原理。每个人都追求不断地“向上爬”，最后就会出现“不胜任”的结果。

核心理念

“胜任工作”的秘诀，是透过自我表现，发挥最大潜能，追求更美好的生活。

重振活力

●生命在于运动：多做体育锻炼，保持旺盛的活力。

●提升精神境界：每天度一个心灵假期，远离功利的目标，思考人生的真正价值，即我的理想难道只是金钱或者地位吗？

服务精神

●彼得实用主义：建立为他人服务的意识，经常为他人服务，可以从更高的层次认识到成功的意义。

●团队荣誉：以自己是团队的一员而骄傲，配合别人的工作，将个人地位建立在团队利益的基础之上。

知足常乐

●彼得延伸法：清醒地了解在你之上的职位的压力和报酬，回溯个人的历史和经验。预知自己的能力范围，然后你就知道，“向上爬”不仅会得到地位和名利，而且要承担相应的责任和风险。

●彼得探寻法：检查让你满足现状的原因，养成一个知足常乐的好心态。

自我提升

●彼得趋近法：透过强化的手段，不断趋近理想的目标，为自己设定阶段性的努力计划，经常充电学习，用有效的思路提升自己的能力。

●建立不依赖的关系：坚持公平竞争，不依赖裙带关系“向上爬”，确立靠能力取胜的做人原则。

羊群效应
我是思想的主人

羊群效应也叫从众效应，在社会上，总是会有大规模的从众行为，似乎每一个人都要参考周围人的行动来决定自己应该做些什么。这是无法改变的现实，所以我们要学会掌握社会认同原理，利用周围人的行为来影响别人。就像商家或推销员，他们都会利用这种原理来牟取利益。同时，我们也应该努力使自己摆脱“羊群”的影响，增加自己的思维独立性。

核心理念

认为某种观念正确的人越多，这种观念就越正确。

因势利导

●顺势而为

借助大势的力量，就可以事半功倍。这要求我们拥有一双火眼金睛，分清楚什么是大势所趋，才能做出正确的选择。自古以来，逆势而为都难有好下场，无论是政治、战争还是商业行为，都是如此。

●制造“人心”

大势是可以制造的，方法就是让你的“观念”被大多数人认可，并产生羊群效应。当大部分人都这么认为时，“人心”就出现了。这需要你能够把握人们的心理，针对性地发出呼吁和采取有效的行动，成为引领群羊的领头羊。

●引导舆论

舆论可以制造，也可以引导。所以，不要相信舆论的“绝对正确”，也不要迷信自己掌控舆论的能力，谨慎地判断，果断地出击，顺流而下，我们才能借上羊群效应的东风！

自我判断

●做自己思想的主人

作为个人，要避免受到羊群效应的影响。方法就是增加自我的判断力，不要相信谣言，理智地分析问题，判断自己的需求，然后结合自己的条件采取行动。

●第一个问题：我是不是需要？

如果你不需要，即便所有的人都去做，你也没有必要迈出脚步。

●第二个问题：我有没有能力掌控？

无法控制的事情，做了反而会带来损失。只有可以掌控的行动，才是有价值的决策。

●第三个问题：从众者真的会赢？

现实是，从众者往往输得一塌糊涂，成为填饱别人肚子的口粮。比如股市，大家都去买的股票，经常是垃圾股；只有不从众，并且懂得利用羊群效应的人，才能发现真正的“盈利点”在哪里！

破窗理论

别打破“第一扇窗子”

破窗理论的启示是：任何一种不良现象的发生，都会传递着一种信息，这个信息必然会导致这种不良现象的无限扩展。因此，重要的是不能打破“第一扇窗子”，始终保持环境的“清洁”。一旦有坏的情况发生，我们必须在第一时间及时纠正。

核心理念

环境具有强烈的暗示性和诱导性，因此，环境能够改变人。

重视细节暗示

●好员工也会变坏

如果你是管理者，就应该明白好员工通常不是由他自己决定的，而是由管理环境的变化决定的。在一个坏的环境中，好人也会变成坏人；在一个好的环境中，坏人也能被改造。所以管理者必须重视细节的诱导性暗示。

●随手捡起“纸屑”

发现我们身边任何一片“纸屑”，及时把它捡起来，保持环境的“清洁”。比如我们在生活中，要随时改正坏习惯，哪怕当时它看起来微不足道。

●在细节上做榜样

小事做得好，大事也不会差。在细节上给自己和别人做一个好的榜样，以身作则，大家都会效仿。

别打破第一扇窗

●不要原谅自己的第一次犯错

因为第一次不得到惩罚，很快就会发生第二次。

●养成每天检讨的好习惯

我今天有哪些地方犯了错误，开了一个不好的先例？每天晚上都应该为自己做一遍全身体检，检讨有可能发生的不良行为，以免坏习惯延续到第二天。

木桶定律
如何才能扬长避短？

这条定律告诉我们：一只木桶盛水的多少，并不取决于桶壁上最高的那块木板，而恰恰取决于桶壁上最短的那块。根据这一核心内容，木桶定律还有两个推论：第一，只有桶壁上的所有木板都足够高，木桶才能盛满水；第二，只要这个木桶里有一块木板不够高度，木桶里的水就不可能是满的。所以，无论是对企业还是个人来说，都需要扬长避短才能增加自己的竞争力。

核心理念

辨证地看待短板与优点的关系，增升自己的最大容量。

找出薄弱环节

●改正短板

在生活和工作中，应该找出我们的薄弱环节（短板），并且加以改进。再找出改进后的新短板，继续弥补，只要坚持做下去，始终保持上进心，就能不断成长。

●开放思维

短板不一定是性格，还可能是我们的产品或部门。处处都会有不尽如人意的地方，关键是保持一种宏观开放的思维，学会审问和慎思，敢于正视不足，而不是得过且过，甚至像鸵鸟一样把脑袋埋进沙堆。

强化优势

●取长补短

当短板难以弥补时，应该取长补短，体现自己的综合优势。

●让优点更突出

在弥补短板的同时，将自己的优点最大化。每个人都有自己的强项，所以，在加强“木桶”的盛水能力的过程中，不能只盯着一个人的缺点不放，不分青红皂白地赶他出局。最好的做法是，发挥他的长处，把他放在适合的位置上。

罗森塔尔效应
重视暗示的力量

激励和暗示的价值广泛应用于管理和教育领域，告诉我们，每个人都应该重视暗示的力量。但是一把钥匙开一把锁，在应用过程中，把握个性的心理差异是其中的关键。采用什么样的方式能让自己或者对方接受，这是激励的科学。所以要想利用罗森塔尔效应，就必须方法得当，因材施教。

核心理念

说你行，你就行；说你不行，你就不行。

自我应用

●肯定自己的优秀

我们需要战胜毫无意义的自卑情绪，充分发现自己在性格和某个领域内的优点，并且做一个归纳总结，清楚地看到自己是多么富有能力！比如：我口才出众，擅长表达；我的组织能力强，思维理性；我的财务经验丰富；

我做事很有耐心……

●对事情充满信心

在困难面前不退缩，始终充满“一定能够做好”的自信，暗示自己“我没有问题”，然后信心百倍地去面对任何可能出现的变故，才能调动自己全部的能量。

●制订合理计划

为自己拟订一份合理的计划，必须在自己的最大能力范围之内，然后才能体现暗示的价值。而且，计划应该是阶段性的，一步步提升高度，不要追求一步到位。

管理应用

●针对优点进行暗示

肯定对方的优点，让激励言之有物，才能激发对方的自信。对方明明不适合做的事情，再怎么暗示他也做不好的。所以，积极的暗示要有合适的土壤。

●“负激励”方式

在管理和教育中不妨采取这种方式，因为当抑制人的积极性的负面激励因素超过了一定的限度时，它往往会激发人的巨大潜能，使人的行为发生逆转，并产生足够的抗衡力量，以摆脱逆境。所以，和风细雨式的说服教育不能奏效时，可以对其进行暴风骤雨式的批评，往往能收到意想不到的效果。

●防止以偏概全

不能用一成不变的眼光看待人和事，因为它很容易发展成偏见，给对方带来伤害，给自己带来损失。所以在暗示和激励时，要防止被个人的喜好左右，既不能一俊遮百丑，也不可“一叶障目，不见泰山”，只看到缺点而看不到优点。

这表明，初始条件十分微小的变化，要比那些明显的改变更值得我们注意，因为它们经过不断地放大，对其未来状态会造成极其巨大的差别。但由于初始时我们未加注意，等引起质变后，我们就可能难以逆转。因此，有些小事看似可以糊涂，但是如果经过系统放大，则对一个组织、一个国家来说就可能会产生不可估量的结果。

所以，就其后果的不可预料性来说，蝴蝶效应对我们的启示是：在生活和工作中，任何小事都不能糊涂。一个小小的疏忽，就可能导致不可承受的巨大的损失。

◎ 差之毫厘，谬以千里

古人已经用这八个字为我们经典地总结了蝴蝶效应的威力，未来真是不可预测的，这往往给人们一种对未来行为不可预测的危机感，但从正面和积极的角度看，蝴蝶效应使我们有可能“慎之毫厘，得之千里”，注意细节，并从中受益。从而可能让我们“驾驭混沌”并且能以较小的代价换得未来巨大的收获。

多少年来，这一效应之所以令人着迷、令人激动、发人深省，不但在于其大胆的想象力和迷人的美学色彩，更在于它深刻的科学内涵和其内在的哲学魅力。因为混沌理论认为，在一个混沌系统中，初始条件的十分微小的变化，经过不断放大，对其未来状态会造成极其巨大的差别。由于这个事实的存在，我们可以从中受益匪浅，在事情刚开始的时候，就尽量做到最好，不要漏过任何一个微小的环节。

西方流传着一首民谣，对此就有着很形象地说明：

丢失一个钉子，坏了一只蹄铁；

坏了一只蹄铁，折了一匹战马；

折了一匹战马，伤了一位骑士；

伤了一位骑士，输了一场战斗；

输了一场战斗，亡了一个帝国。

一个钉子毁掉了一个帝国，你相信一个国家会亡在一枚小小的钉子上吗？很多人会不以为然，但结果却正是如此，请看上面的演变关系，你就知道了！

那是一件发生在1485年的事情，英国国王查理三世准备和凯斯特家族的亨利决一死战，此战役决定着英国的前途和命运。战斗打响之前，查理三世派马夫装备自己最喜欢的战马。马夫发现马掌没有了，于是，他对铁匠说："快点给它钉掌，国王希望骑它打头阵。"

"你得等一等，"铁匠回答，"前几天，因给所有的战马钉掌，铁片已经用完了。""我等不及了。"马夫不耐烦地叫道。铁匠埋头干活，从一根铁条上弄下可做四个马掌的材料，把它们砸平、整形、固定在马蹄上，然后开始钉钉子。钉了3个马掌后，他发现没有钉子来钉第四个马掌了。

"我缺几个钉子，"他说，"需要一些时间砸两个。""我告诉过你我等不及了。"马夫急切地说。"没有足够的钉子，我也能把马掌钉上，但是不能像其他几个那么牢固。""能不能挂住？"马夫问。"应该能，"铁匠回答，"但我没有把握。""好吧，就这样，"马夫叫道，"快点，要不然国王会怪罪我的。"

铁匠只好凑合着把马掌给挂上了。

很快，两军交战了。查理三世冲锋陷阵，鞭策士兵迎战敌军。突然，一只马掌掉了，战马跌倒在地，查理三世也被掀翻在地上。受惊的马跳起来逃走了，国王的士兵也纷纷转身撤退，亨利的军队包围上来。查理向空中挥舞宝剑，大喊道：“马，一匹马，我的国家倾覆就因为这一匹马。”

拿破仑的失败又何尝不是一个小环节的缺失，从而引起了一系列的恶果？1812年，拿破仑率60万大军远征俄罗斯，短短几个月就打到了莫斯科。由于沙皇采取了坚壁清野的战术，法军陷入了粮草不继的困境之中，战马因无草料，大批死去。而此时，又遭遇了暴风雪和严寒的袭击。当拿破仑命人把专门定做好的军大衣发放给士兵时，却发现所有的军大衣都没有纽扣。士兵们又冷又饿，很多人被活活冻死。事后才知道，原来问题就出在法军的锡制纽扣上。常温下，锡比较坚硬，但是在寒冷的天气里，锡制纽扣却会变成灰色粉末。正是这些变成粉末的纽扣，导致了一场战争的失败。

是否会丢失掉一枚钉子，是否有一个合适的纽扣，本是初始条件的十分微小的变化，但其“长期”效应却是一个帝国存与亡的根本差别。就像大清帝国的甲午海战为什么会失败一样，从表面上看，是北洋舰队败给了日本海军，但追根溯源，却是慈禧太后的一场荒唐的寿宴。太后的寿宴使得海战失败，丢失了民心，从而引发全国性的要求变革的声音，最终导致了辛亥革命的爆发。这就是军事和政治领域中所谓的“蝴蝶效应”，听起来有点不可思议，但是确实能够造成这样的恶果。

中国历史上，这样的事情数不胜数。商纣的王叔箕子见到纣王用象牙筷子就很害怕，因为他想到的是其中的连锁反应，有了象牙筷子，杯子也换成发犀玉杯，有了象牙筷子和犀玉杯，纣王就不吃粗食豆汤，要吃牛肉、象肉、豹肉、未出世的胎肉等精美的食物。吃牛肉、象肉、豹肉和胎肉，就不会穿着短的粗布衣在茅屋中吃饭，就会穿着很多的华衣美服，在华丽的宫殿进食。

结果就是亡国，这正是箕子的明见之处。

所以不管是一个国家还是一家公司，一个明智和具有远见卓识的领导人，他一定要防微杜渐，重视对细节的管理。因为看似一些极微小的事情，却有可能造成集体内部的分崩离析，使得事业垮塌。那时，岂不是悔之晚矣？

通过上面的描述，我们不难发现，发端于现代的“蝴蝶效应”的理论，以实证的手段向我们证明了中国1300多年前“君子慎始，差之毫厘，谬以千里”“但气有盈虚，黍有巨细，差之毫厘，失之千里”中富含的科学性的哲学思想。

可以说，蝴蝶效应在实质上就是一种方法论，这种方法论，承认了系统的边界，是建立在宇宙无限论之上的、探讨宇宙的有限性的方法。它不但能够解释物理问题，同时更能帮助我们解决生活和工作中的实际问题。

“差之毫厘，谬以千里”的蝴蝶效应，通常用于天气、股票市场等在一定时段难以预测的比较复杂的系统中。除此之外，在社会生活的方方面面，都有着极其广泛的应用。它遵循的原理就是，事物发展的结果，对初始条件具有极为敏感的依赖性，初始条件的任何极小的偏差，都将会引起结果的极大差异。

• 人在股市不得不小心 •

在暴涨暴跌的股市里，就存在着很多蝴蝶效应的例子，比如因为泰铢实行了自由浮动，结果引发亚洲金融危机，进而导致了全球性的股市下挫；美国由于某家银行的倒闭，引发了华尔街的金融风暴，造成了全球经济不景气，并且波及了中国股市。这是小失误引发了全球性的重大变化。

对于一家公司或我们个人来讲，同样需要小心或者关注这种效应的力量。比如某上市公司的老总因为无意中出席了某个学术报告会，促成他做出了一项重要的决定，然后使得企业抓住了重要的市场机遇，从而业绩大幅提高，进而他的公司股份节节攀升，无数人因当初的小细节受益。国家某一项“利好”政策的出台，引发了市场投资者的美好想象，从而带动某些“受益”个股的股价走高。

也就是说，各种细微的不稳定因素，它们共同构成了股市的波动性和风险性。人们身在股市之中，与其关注那些电子牌上的股价数字，还不如计算和分析这些微小的不被人注意的变化，越是这些容易被人忽视的小环节，反而是推动股市变化的“最大力量”。那些在股市赔光身家的失败者，他们都是因为习惯了抓大放小，不懂得运用混沌理论进行分析，或者对于细微环节的因素不给予重视，错过了逃出风险之地和抓住重要机会的时机。

• 影响和决定企业的命运 •

对今天的企业来说，不管是国内的小公司，还是跨国企业，受到蝴蝶效应的影响已经越来越大。市场上的任何一点微小的风吹草动，都会在经过一系列的连锁反应后，形成对企业的冲击。开放式的竞争环境，以及共存共荣的发展体系，消费者日益增加的选择余地，都是足以引发蝴蝶效应的因素，没有任何一个个体是可以孤立存在的，都受到其他个体的实质影响。在一个开放式环境中，个体既是主动和自由的，又是被动和服从的。所以，现在无论哪个行业，都开始增加对品牌消费、购物环境和服务态度等各个环节的高度重视，要知道，这些无形的价值都会成为消费者选择的因素，也决定着自己的生死。

• 在社会学和心理学中应用广泛 •

通常，蝴蝶效应在社会学界用来说明积极或消极的危害，比如，一个坏的微小的机制、制度，如果不加以及时地引导、调节和改变，经过一段时间的发展，就会给社会带来非常大的危害，戏称为“龙卷风”或“风暴”；而一个好的微小的机制或制度，只要正确指引和大力巩固，经过一段时间的努力，也将会产生轰动性的社会效应，引发积极的社会革命。

在心理学中，我们可以把它称之为引发行为变异的变量。典型的例子，像童年阴影，有些人会因为童年时期偶然受到的一些刺激，从而影响了他一生的进程。报纸上就刊载过一个例子，一个青年因为8岁的时候看了一部恐怖电影，记住了其中杀人的情节，结果这个镜头在他的脑海中一直铭刻，使他在长大后形成了十分严重的暴力倾向，最终走上了犯罪的道路。他用犯罪的方式来发泄当初受到的心理刺激。但是我们假如，当初这场电影在刚开始放映时，青年的父母突然临时有事回家，发现他正准备看这样的电影，于是就关掉了电视机，让他去写作业或者踢足球呢？很显然，就不会再发生后来的演变。这就表明，一个小小的因素的变化，就会在人的心理成长上，形成巨大的颠覆性的影响。

• 在医学上的巨大作用 •

在基因学的理论中，蝴蝶效应的作用也十分巨大。现代医学证明，一切的疾病均与基因有关，疾病易感基因是与疾病发生密切相关的一类基因。那些携带疾病易感基因的人，在没有采取针对性预防措施的情况下，他们患病的风险性比正常人明显增加。因此，医学专家采用分子技术检测人体细胞中是否含有某类疾病易感基因，就可以评估个体患病的风险度，从而为疾病的预防提供早期的干预机会。当一项坏的基因被检测出来并消除时，积极的蝴蝶效应就开始产生了，最终会广泛地改善整个人类的健康状况，甚至会消除掉危害人类几千年的一些痼疾。

当然，并不是所有的在基因领域的“作为”都是积极的。据说有些人提出了一种基因武器，可以通过施加药物作用于某种特定的基因，悄悄危害某一特定族群的基因，达到无声无息消灭对方的结果。这是非常典型的以医学上的蝴蝶效应去对一个国家或民族产生巨大的毁灭力量。对此我们肯定是持批判态度的，人类也不会允许这种祸害极大的武器产生。但是，这给我们的启发是惊人的，只要在微小的基因中做出极其细微的改变，对生命体的影响就是如此让人目瞪口呆。这方面的例子也很多，像那些受过核辐射的动物，它们的后代普遍发生了体形的变异。一只巴掌大的小老鼠，在受过辐射之后，它的后代竟然变成了像野猪一样庞大，这种改变简直让人难以置信，但它却真实地发生了，亦如蝴蝶的那对扇动的翅膀和其后那场席卷半球的飓风的对比。

• 对经济的巨大影响 •

蝴蝶效应对经济的影响随处可见，案例也比比皆是，比如 1998 年亚洲发生的金融危机，还有美国近几十年来不断发生的股市风暴，实际上就是人类经济运作中的蝴蝶效应。一个很小的投机行为，比如巴菲特或某个有引导力的人物购买了某只股票，就会引发众多人的盲从，然后改变整个经济运行的系统，或者让股市发生巨大变化，最终量变产生质变，导致人们不可承受的股灾或者全球性的金融危机。某个国家当初制定政策时的一个细小的因素变化，就有可能在随后的几十年内，让这个国家走向相反的方向。

• 我们的人生随处体现蝴蝶效应的力量 •

就像多米诺骨牌，当你开启时，就会一倒百倒，引起一个巨大的几乎不可逆转的连锁反应。这表明了一件事对整个结果的影响，在我们的人生中，蝴蝶效应亦是无处不在，而且更加重要。

比如下面这个故事：

一位男士因为在工作中的差错受到领导的批评，心中闷闷不乐，独自在街上徘徊，很晚才回家。妻子见丈夫回来晚了，就问丈夫："你今天怎么回来这么晚？"丈夫一听，正愁气没地方出，就朝妻子大声吼叫："回来晚了怎么了？我就不能晚回来？"

妻子见丈夫这个态度，觉得很委屈，心想，我是关心你才问，你怎么不识好歹，越想越生气。这时儿子跑过来说："妈妈，怎么还不吃饭呀？我都快饿死了！"

妻子听儿子在旁边吵着要吃饭，心里更烦了，就冲着儿子大声说："吃饭！吃饭！你就知道吃饭，饿不死你。"

儿子一听，也不高兴了，心想，你们大人闹情绪，干吗拿小孩出气？正巧，家里养的一只小花猫对着儿子叫："喵……喵……"生气的儿子朝小猫猛踢了一脚，小猫尖叫一声，冲到门外的街道上，这时一辆面包车开过来，司机为了躲避小猫，却不小心把一个老太太撞倒了，引发了一场不该发生的交通事故。

像这样的场面，是不是真实其实并不重要，因为在生活中，我们经常可以看到类似的情节，不少人有了不良情绪，一不小心就把它带到了工作和生活中，从而伤害了家人、同事、朋友甚至一些弱势群体。比如医生，现在就有医院特意做出规定：不允许带有负面情绪的外科医生上手术台，其目的是防止医生将不良的情绪带到手术中，给患者带来不必要的伤害。这种伤害的过程，就是蝴蝶效应的一个体现。因为一个小小的情绪，医生最后可能就无意中害了一条生命。

你做了一件事，人生可能就会一帆风顺；但如果不那样做或者做错了，情况就会完全不同，你可能充满坎坷，付出更大代价，甚至走向另一个方向。正如影片《蝴蝶效应》所讲述的，即使真的给我们提供了一次又一次的反悔的机会，也没有任何人会对自己的人生完全满意。因为稍微一个弱小的变化都可能会导致此后一连串意想不到的变化。这就像是一种超脱于人之外的神秘力量，它将无声无息地改变一切，不管你是否注意或有意改变，我们都难以完全把控它对人生的影响。

这更加证明，蝴蝶效应是混沌运动的一种表现形式。当我们进而考察生命现象和复杂的人生时，我们就能发现，蝴蝶效应起作用的方式，既非完全的周期性，又非纯粹的随机，它们既有“锁频”到自然界周期的过程（如季节和昼夜等）的一面，又保持着内在的“自治”性质——不被我们控制，不受我们的影响。唯一可以确定的是，它对初始条件的敏感性：输入端有微小的差别，都会迅速放大到输出端，形成压倒一切的差别。

◎ 从现在开始改变未来

通过以上的介绍我们可以知道，蝴蝶效应的复杂连锁效应，每天都可能在我们身上发生着，无论如何努力，我们都不可能回到以前去改变过去，或者来改变我们的未来。一个人的历史是永远不可改变的，而未来也是永远无法预测的。我们需要做的、能够做的，只能是正确地把握我们的现在。

只要从现在开始，做好每一件事，以后的结果就会慢慢地趋向好的方面，而走错了一步，你可能短时间内无法发现，但是几十年后断送的，就不仅是你的未来了，而是更多。

核心的应用原理：看似微不足道的细小变化，却能以某种方式对社会产生微妙的影响，甚至影响整个社会系统的正常运行，细节决定成败。

不可不知的应用要诀：关注细节，防微杜渐，注重关联，控制全局。

应用领域：所有事物

如果你懂得运用蝴蝶效应，我们就可以深刻地认识和有效地解决如下的问题：

1. 公司的效益

一家企业，一个工厂，如果一个零件出了问题，那么整个设备将不能正常运转，设备不能运转，整个系统也将停滞，进而影响公司效益，最后可能导致公司的倒闭。所以，作为一个企业，一定要严抓产品质量，把握好质量关，决不能容忍一点瑕疵。所谓“千里之堤，溃于蚁穴”。

2. 工作的程序

一个家庭主妇，如果她只有半个小时的时间用来做家务，可是她需要在半个小时内把洗衣、做饭、择菜、打扫所有的工作做完，如果她毫无头绪一件事情一件事情地来完成，那半个小时的时间肯定不够用。但如果她先把衣服放到洗衣机里，然后焖饭，在洗衣和焖饭的时间里择菜、打扫，那么半个小时的时间就绰绰有余了。这就是工作程序的问题。要善于控制全局，统筹安排，才能够合理安排时间，在最短的时间内实现最高的效率。

3. 人生的态度

有句话说“工作态度决定一切”。这句话就是在阐释工作态度的重要性。我们试想一下，同样的工作任务，一个认真努力的员工一天就能超额完美地完成任务，并把节省下来的时间做了更多的事情；而一个马马虎虎粗糙对待工作任务的员工，虽然也没有出错，并且同样也在限定的日期内完成了任务，如果你作为老板，你会更喜欢哪个？是能为你带来超额利润的员工还是每天浑浑噩噩等着领薪水的员工？所以，端正工作态度，踏实努力才是王道。

4. 抓住关键细节改善未来

曾经有家企业这样招聘员工：他们会事先在面试地点放上一张纸屑，然后观察应聘者走进房间的时候，会不会主动捡起这张纸屑。结果面试的5个人中，只有一个人做到了，那他就很荣幸地成为该企业的员工。这就是细节决定成败，任何一个企业都喜欢注重细节的员工，因为只有注重细节的人才能够更完美地做好一件事情。

5. 养成良好的习惯

每个人的坏习惯都不是一天养成的。如果你现在成了一个瘾君子，那你一定是从学生时代吸第一支烟开始的；如果你是一个酒鬼，那你肯定是从喝第一口酒开始的；如果你是一个三好学生，那你的好成绩也一定是每天的勤奋努力积累起来的。“不积跬步，无以至千里”，所以在成长的过程中，每天积累一个好习惯，将来才能成就光辉的人生。

第3章

墨菲定律

◎一句玩笑和一个实验产生的经典定律

◎墨菲定律的威力：事情总有变坏的可能

◎克服人性的弱点

◎墨菲定律的“变身记”

◎ 一句玩笑和一个实验产生的经典定律

在 20 世纪的中叶，正是一个经济飞速发展，科技不断进步，人类真正成为世界主宰的时代，处处弥漫着无比乐观的雄心壮志：人类取得了对自然、疾病以及其他限制的胜利，并将不断扩大优势；我们不但飞上了天空，而且飞向了太空……人类能够随心所欲地改造世界的面貌，这一切似乎都在向人们昭示着：在人类面前，一切问题都是可以解决的。无论是怎样的困难和挑战，我们总能找到一种办法或模式战而胜之。

正是在这个时期内，诞生了著名的墨菲定律。它的发现者是爱德华·A. 墨菲。

对于这个定律的产生，有一个传说是，空军上尉兼工程师墨菲，认为他的某一位同事是个倒霉蛋，不经意间就对他开了一句玩笑："如果一件事情有可能被弄糟，让他去做就一定会弄糟。"然后这句话迅速地流传，经过许多人的传播，成为同事们的笑谈，并且随着时间的推移，扩散到了世界各地。在流传扩散的过程中，这句玩笑话也逐渐失去它原有的局限性，演变成为各种各样的形式。

其中一个最通行的形式是："如果坏事情有可能发生，不管这种可能性多么小，它总会发生，并且将引起最大可能的损失。”

它最简单的表达形式是：“有可能出错的事情，就会出错。”

不过，该定律真实的产生过程并非如此，而是源于一次实验。爱德华·A. 墨菲曾经参加美国空军进行的 MX981 实验，这个实验的目的是为了测定人类对加速度的承受极限。在这其中，有一个项目是将 16 个火箭加速度计悬空装置在受试者的上方，当时有两种方法可以将加速度计固定在支架上，而不可思议的是，竟然有人有条不紊地将 16 个加速度计全部装在了错误的位置。

于是，墨菲十分感慨，做出了这一著名的论断：“有可能出错的事情，就会出错。”

墨菲定律的原句是这样的：

If there are two or more ways to do something，and one of those ways can result in a catastrophe，then someone will do it.

（如果有两种或以上的选择，其中一种将导致灾难，则必定会有人做出这种错误的选择。）

由此，我们可以得出这样的结论：

一、任何事情都没有表面看起来的那么简单；

二、所有的事都会比你预计的时间更长；

三、会出错的事总会出错的，不管你多么在意；

四、如果你在担心某种情况的发生，那么它就更有可能发生了。

它揭示了一个长期被人忽视的真理：容易犯错误是人类与生俱来的弱点，无论科技多么发达，这个弱点都会一直存在，事故都会发生的。而且我们解决问题的手段越高明，面临的麻烦就会越严重。所以，墨菲定律对我们的忠告是，我们在做一件事情之前，应该尽可能想得周到、全面一些，如果真的发生了不幸，或者一些比较大的损失，那么就笑着应对吧，最关键是在于及时总结所犯的错误，避免下次再犯，而不是把头埋进沙堆，企图掩盖和遗忘它。

2003年美国“哥伦比亚”号航天飞机的事故，是人类难以回避的悲剧。它在即将返回地面时，在美国得克萨斯州中部地区的上空突然解体，机上6名美国宇航员以及首位进入太空的以色列宇航员拉蒙遭遇不幸，全部遇难。“哥伦比亚”号航天飞机的失事也更加向我们印证了墨菲定律的无比威力：对航天飞机如此复杂的系统来说，它是一定要出事的，不是今天就是明天，而且出事是合情合理的。

所以，人们要做的必须是首先接受这个现实，在一次事故之后，要积极地寻找事故的原因，以防止下一次的不幸。有两种态度是不可取的，一是全然不顾事故的发生，不采取任何改进和防护措施；二是因为惧怕事故，从此放弃发展航天事业。这都不是正确的解决问题的态度。

人永远也不可能成为上帝，当你妄自尊大时，墨菲定律会叫你知道它的厉害；相反，如果你愿意承认自己的无知，并且希望做得更好，谦虚地对待自己要做的事情，那么墨菲定律会帮助你做得更严密些，使你避免无谓的损失。

这其实是概率在起作用，人算不如天算，常在河边走，难免不湿鞋。就像老话里说的，“上的山多终遇虎”“祸不单行”等，总会发生意外，也一定会遇到意外。比如平时的彩票，也是同样的道理，连着几期如果没有大奖，最后必定会滚出一个千万元乃至上亿元的大奖来。灾祸亦是如此，要知道，虽然灾祸发生的概率也很小，但一旦累积到一定程度，它也必定会从最薄弱的环节爆发。

问题的关键是，我们平时要注意清扫死角，消除安全隐患，降低事故的概率。不管做事还是做人，都应如此。既然怕什么来什么，那么就不如做最好的状态准备，掌握好技术要领，恪守一个最严谨的做人处事的原则，尽可能准备充足，精神抖擞地迎战。

◎ 墨菲定律的威力：事情总有变坏的可能

墨菲定律并不是一种强调人为错误的概率性定律，而是阐述了一种偶然中的必然性，就像上面所讲，“如果一件事情有可能向坏的方向发展，就一定会向最坏的方向发展”。这是墨菲定律告诉我们的真理，也是我们很难回避的一个客观现实。

比如你的衣袋里有两把钥匙，一把是你房间的，另一把是汽车的，如果你现在想拿出车钥匙，会发生什么？是的，你往往是拿出了房间钥匙。

我们再举一个例子：

你的兜里装着一枚金币，生怕别人知道也生怕丢失，所以你每隔一段时间就会去用手摸兜，去查看金币是不是还在，于是你的规律性动作引起了小偷的注意，最终金币被小偷给偷走了。即便没有被小偷偷走，那个总被你摸来摸去的兜最后终于被磨破了，金币掉了出去，结果还是丢失了。

这就说明了，越害怕发生的事情就越会发生，为什么？就因为害怕发生，所以我们会非常在意。由此，注意力越集中，就越容易犯下担心的错误。

网上曾经发过一条羚牛伤害两条人命引发的话题——谁的生命更重要？的帖子，在这件事上，墨菲定律起到的作用绝不是偶然性的，而是以一种必然性的不可抗拒的方式在左右整个事件的发展。

事情是这样的：某日的8时30分，一只羚牛蹿进了村民刘永昌的家，把刘顶倒在了血泊中。把刘撞伤后，它就在屋里来回躁动，刘的妻子周存风吓晕了过去。围观村民辨认出它是国家的一级保护动物野生羚牛，于是村支书立即通知了乡政府。乡政府向县林业局做了汇报，并且迅速赶到了事发地点，而这时，羚牛更加狂躁了。县林业局和县领导赶到现场，并在现场成立了指挥部，按照《野生动物保护法》的规定，对于危及群众生命财产安全的野生国家一级保护动物，如果需采取伤害措施解除危险，就必须报经国家林业部门批准。于是县领导立即向省林业厅汇报情况，而羚牛此时已经进屋 3 个小时，屋内不断地传出周存风凄惨的呼救声。

13 时 20 分，从省林业厅传来消息，可以击毙羚牛。

13 时 30 分，刘的女婿冒险爬进屋内，救出了周存风。

现场指挥部立即安排车辆，把周送往县人民医院抢救。

14 时 20 分，这只羚牛被击毙，但是刘永昌早已气绝身亡，周存风也在转院的途中死亡，两条活生生的性命就这样消失了。

墨菲定律在这里设置了一个陷阱，因为报经国家林业部门批准的时间，已经足够野生动物完成对生命财产安全的伤害，而 13 时 20 分传来的可以击毙羚牛的消息，已经不足以解救周存风的性命，即便刘的女婿于 13 时 30 分采取不必批准的措施，冒险爬进屋内救出了已经是死路一条的周存风，对事情的结果也没有任何改变。

看来，墨菲定律的威力就是如此的强大，一些注定会发生的坏结果，似乎我们无论如何采取措施，都是很难避免的。由此，我们也不难总结出其在中国的一些现状中可能会产生的推论：

• 欠债一定难还 •

如果你借债给别人，却没有办该办的手续，那么对方当然一定会赖账，反正不赖白不赖；如果你借债给他人，也办了该办的手续，对方一般不会赖账，但如果他也没有钱还你，反正是要钱没有，要命就一条，那么你得到的结果，还是对方会赖账；如果你借债给别人，办了该办的手续，对方也有偿还能力，但人家就是不还钱，你没有别的办法，只能去告，如果你告了，并且告赢了，结果也是执行困难，钱还是回不来；所以当你借钱给别人并且担心对方会欠债不还时，那么结果往往就是他很难把钱还给你。

• 散户一定会输 •

散户买的股票在牛市总是按兵不动，但一到熊市则会领跌；当散户买到会涨的股票的时候，在解套的时候股票一定已经出手了；当散户买到会涨的股票，解套的时候也沉得住气，准备出手获利的那一天，股票一定又会被停牌，因为丑闻爆发了；当散户买到会涨的股票，解套的时候也沉得住气，出手的那一天也没有丑闻，只是股票已被人抛掉了，钱也被人提走了……事情总是会如此糟糕，对散户来说，似乎他们就是避免不了在股市被强者宰割的下场。所以，想拿些钱冲进股市捞点钱的股民，你这时一定要竖起耳朵听，因为墨菲定律就是告诉你，散户一定会输，你可能会偶尔赢些小钱，但当你担心会不会赔钱、有没有风险的时候，那么你担心的事情它就一定会发生。

• 尴尬人一定遇到尴尬事 •

当一个人害怕遇到尴尬、从而让自己陷入一种“尴尬人”的状态时，不出意外，他将很快遇到尴尬的事情，比如下楼梯时跌一跤，撞破上司的秘密或者被女同事误会。

有一位男性白领曾不无自嘲地说，他在上网查找工作信息时，不管是有还是没有，一般情况下大量的不堪入目的色情广告总是会有的；只要屏幕上有色情广告，他的身后也总是碰巧会有女主管或女同事路过而且看到；而等到他想要澄清事实时，女主管或女同事总是非常体谅地不求解释，并且用十分鄙夷的目光不加掩饰地凝视他一眼，然后轻笑一声走开。

对于墨菲法则，很多深有同感的人也相继抛出了各种不同的表述：

1. 你找见丢失东西的地方，总是你寻找的最后一个地方。

2. 在股市的一周五个交易日，前三天每天都在涨，但你没注意；后两天，当你准备抛出时，却跌了。

3. 作为一种概率，每天都有好的结果和坏的结果发生，二者的可能性同时存在。好的结果，没人注意。一旦出现坏的结果，只不过因为结果太强烈，给人的印象太深刻，就造成了一种必然的结论。但问题是，为什么我们下结论的时候，总是在坏的时候？

4. 注意力问题正是墨菲定律的一个方面。往往我们关注什么是有选择的，世界呈现在我们面前的信息非常丰富，但我们通常以我们的内心需求与认识、接受能力做有限的选择，并且通常是线性的、片面的，主客观不协调的。所以有时事情发生后，我们注意并开始后悔。因此，我们认识墨菲定律的目的，就是为了打破我们内心认识世界的自我屏障，尽可能地让注意力发散和流动，观察到全局的变化。它就像一个风险市场的守护神，让你备好逃路，然后坐享收获的喜悦；又像是黑暗之中的探照灯，照亮我们心灵的死角，让你发现常人容易遗忘的机会。也就是说，墨菲定律指出了人类的困境，人性的弱点或所遇的悖论，它的指向往往是物极必反后的方向或者出人意料之外的方向。因此，了解它对我们的意义很大。它在冥冥之中提醒我们，面对任何事情，应该考虑得更周到、更全面，要采取一定的保险措施，防止偶然的失误给我们带来的灾难和损失。

关于墨菲法则，人们也不乏一些另类表述，这多多少少也会给我们带来启发。

1. 如果第一次便成功了，显然你已经做错了某事。

2. 如果某事不值得去做，则不值得你把它做好。

3. 重要的是，绝不记住忘掉的事。

4. 当一切都朝一个方向进行时，我们最好朝反方向深深地看一眼。

5. 当你知道自己所值几何时，你就会变成一文不值。

6. 自动消失的问题总是会自动回来。

我们的总结就是，如果你要规避一件事变得最坏的可能性，那么根据墨菲定律，当一件事情达到 60% 至 70% 的预期目的时，你就可以当作 100% 来看待，因为至少它还没有糟糕到影响你今后的命运。否则，当你眨一眨眼的工夫，可能你已经错失掉了在最好的时机把握住它的唯一机会。

◎ 克服人性的弱点

墨菲定律对我们的积极价值在于，当我们认识到自身的弱点或者说人性的弱点时，就迎来了克服，至少是尽可能少犯错误的机会。比如在股市，为什么股市里的绝大多数人都在输钱，包括技术派的高手？真正会炒股的人永远占少数，这就是一条规律。大部分人都被人性的弱点控制着，只有少数可以克服人性弱点的人，他们才能真正了解赚钱的规律。

我有一位朋友，他曾经筹到一笔钱，准备去做家具生意。简单说，过程是这样的，他弄来一些明代家具的图纸，然后找一个家具加工厂定做，最后再按仿品的价格卖到国外。在家具行业有一句话，叫“十清不如一明”，可见明代家具是多么值钱。而且当时正赶上国外的需求量特别大，即便仿品，也有至少 3 倍的利润。

朋友跃跃欲试，准备了 500 万元资金就去了陕西的一家家具厂，交了 20 万元定金，约定先做 50 套。但是半个月后，朋友突然打来电话，忧心忡忡地对我说：“我的感觉十分不对，现在的家具市场风头不对，价格好像要跌。”我问他：“那你打算怎么办？”他没吭声，挂断电话睡了。

第二天，朋友做了一个艰难的决定——撤。他好像预感到某种危险在逼近，所以马上撤资，放弃这个计划。果然，一个月后，也就是在约定交货并卖到国外的那个时期，因为供应量太大，国外的仿品价格急速下跌，不但没了 3 倍的利润，反而还要赔上两成的本钱。朋友由于及时撤资，尽管损失了一部分定金，但他却避免了更大的损失。要知道，500 万元的资金几乎全是他借的。

他为什么能躲过这一劫？事后我分析，就是因为他能在预感到危险时，成功地克服内心“想发财、想冒险”的冲动，从而做出了理智的选择。危险一旦有可能发生，就一定会发生。他对这件事的判断，堪称看透了墨菲定律的魔力！

墨菲定律告诉你：当你害怕失败时，它偏偏失败给你看；

当你希望成功时，事情有时偏不成功；

当你灰心丧气准备放弃时，机会往往又来了。

1. 别试图教猫唱歌，这样不但不会有结果，还会惹猫不高兴。

2. 别跟傻瓜吵架，不然旁人会搞不清楚，到底谁是傻瓜？

3. 不要以为自己很重要，因为没有你，太阳明天还是一样从东方升起。

4. 失败的时候你要笑一笑，因为明天未必就比今天好。

5. 好的开始，未必就有好的结果；但是坏的开始，结果却往往会更糟。

◎ 墨菲定律的“变身记”

由于墨菲定律的强大影响力，人们对其推而广之，总结出了各种带有“变异”色彩的墨菲法则，下面我们不妨总结罗列一下都有哪些有趣的变身法则正对我们的生活产生影响。

• 工作法则 •

★ If anything can go wrong，it will.

如果事情还能更糟的话，它一定会的。

★ In nature，nothing is ever right. Therefore，if everything is going right ... something is wrong.

在现实生活中，没有什么事情是永远正确的。所以，如果每一件事都在朝着好的方向发展……就一定出问题了。

★ It is impossible to make anything foolproof because fools are so ingenious.

愚蠢是不可避免的，因为一个事实：愚蠢太富有创造力了。

★ Nothing is as easy as it looks.

没什么事情会像看上去那么简单。

★ Everything takes longer than you think.

每一件事总比你估计的要多花一点时间甚至更长的时间。

★ Whenever you set out to do something，something else must be done first.

每当你准备做什么的时候，总有一些别的事你得先做了，它们来得特别及时。

★ Every solution breeds new problems.

每一个解决办法都会衍生出新的问题需要去解决。

★ The legibility of a copy is inversely proportional to its importance.

文件的可读性和它的重要性总是成反比的，相信这一点。

★ The chance of the buttered side of the bread falling face down is directly proportional to the cost of the carpet.

面包往下掉的时候，抹了白油那一面朝下的概率和地毯的价值总是成正比。

★ You will always find something in the last place you look.

东西总是在你最后去找的那个地方被发现。

★ Left to themselves，things tend to go from bad to worse.

如果听之任之的话，事情一般不会向你估计的好的方向发展。

★ After you bought a replacement for something you’ve lost and searched for everywhere，you’ll find the original.

在你丢了东西到处找不到并且买了新的以后，你就会找回原来丢的那样东西了。

★ The other line always moves faster.

你旁边的车道总是比你这一条走得快些，而你转过去之后，又发现这一条走得快了。

★ When a broken appliance is demonstrated for the repairman，it will work perfectly.

每次演示给修理工看电器是如何的不正常运行时，它都运行得挺好，但当修理工走后，它又坏了。

★ Build a system that even a fool can use，and only a fool will use it.

建立一个连傻瓜都会用的系统的话，一般就只有傻瓜才会去使用。

★ Everyone has a scheme for getting rich that will not work.

每个人都有一套永远没办法运作的致富计划。

★ In any hierarchy，each individual rises to his own level of incompetence，and then remains there.

在任何等级制度中，每一个独立个体都会迁升到力所不能及的职务，然后就待在那儿不动了（墨菲定律与彼得原理的结合）。

★ The better you know the amount of ill luck that will strike you，the worse you know when this will happen.

你越清楚厄运的危害，你就越不知道它在什么时候降临。

★ Your best golf shots always occur when playing alone.

你最好的分数一定是你一个人玩的时候得到的，没有人看见，让人来看时，你又会表现得很糟糕。

★ He who angers you controls you，there-fore you have no control over your anger.

都是那些让你愤怒的人控制着你，所以你根本没法控制你的愤怒，只能听天由命。

★ No matter how hard you try，you cannot push a string.

不管你怎么努力，你不能推动一根绳子，这表明柔总能克刚。

★ Murphy’s law current revision any thing that can go wrong，has already gone wrong! You just haven't been notified.

如果事情还能更糟的话，它已经有那么糟了，只是你没有发觉罢了。

★ All good things come to those who wait...but，don't wait too long or they will pass you by...like 2 ships that pass in the night... never again to return that same exact site.

好的事情总是为等待它们的人来临，但是，不要等太久，否则它们会擦肩而过，就像两艘夜航的船，再也回不到本来可以相逢的那个刹那。这表明等待越久你就越得不到。

★ No degree of acceptance can ever change the facts.

没有任何限度的接受，就可以改变现实。改变现实的前提是接受现实。

★ Beauty is only skin deep，fashion even shallower.

如果美貌是一种肤浅的话，那么时髦连汗毛都没沾上。

★ A person without values or standards can never be a hypocrite.

一个没有价值观和做人标准的人，是不可能成为伪君子的。这表明越讲道德的人越虚伪。

★ Don't let go of something until you have a hold of something else.

不管是西瓜还是芝麻，在没捡到之前别把手里的扔了。

★ It takes forever to learn the rules and once you've learned them they change again.

规则不容易掌握，但你一旦掌握了，规则又变了。

★ The optimist proclaims that we live in the best of all possible worlds，the pessimist fears this is true.

乐观主义者声称相比前生和来世，我们生活的世界是最好的，悲观主义者则就怕这是真的。

★ You will find an easy way to do it，after you've finished doing it.

你总能找出一个更便捷的方法，但总是在你已经做完这件事以后。

★ The wind will always blow opposite to your hairdo.

风永远不会顺着你的发型吹，尤其你想保持发型时。

★ Window polishing: It's always on the other side.

擦窗法则：不干净的老是在你正在擦的另一面。

★ Anyone who isn't paranoid simply isn't paying attention.

没有得妄想症的人，他们普遍会注意力不集中。

★ Whenever you cut your finger nails, you find a need for them an hour later.

每次剪了指甲后没多久，就有用得着它们的地方了。

★ Nothing is impossible for the man who doesn't have to do it himself.

对一个不需要自己来做的人来说，没有什么是不可能的。这表明站着说话不腰疼。

★ Probabilities serve only and exclusively to determine the degree of improbability of the catastrophes that actually take place.

概率，也只有概率，是用来解释为什么不大可能发生的灾难却发生了。

★ Two wrongs don't make a right. It usually takes three or four.

错错不会得对。一般要错上个三四次才行。

★ If the truth is in your favor no one will believe you.

如果真相对你有利，一定没人会相信你。

★ The difference between stupidity and genius is that genius has its limits.

天才和愚蠢的区别，是天才有它的局限性，愚蠢却没有。

★ Those who don't take decisions never make mistakes.

不做决定的人是不会犯错的，永远都这样。

★ Murphy's metalaw knowing Murphy's law will never help.

墨菲星际法则：知道墨菲法则是必要的，但不会带来任何帮助。

★ Everything that could possibly go wrong for anyone else always seems to happen to you.

那些谁碰上都倒霉的事儿老是会在你的身上应验。

★ The person ahead of you in the queue, will have the most complex transaction possible.

排在你前面的人总是有最复杂的手续要办，总让你等很久。就像在银行柜台，每次你急着办理业务时，前面那个人总是耗时最久。

• 爱情的规则 •

★ A good women/men are like parking spots，all the good ones are taken.

一个好女人或者好男人就像泊车位一样，好的都给占了。

★ Brains x Beauty x Availability = Constant. This constant is always zero.

智慧和相貌以及可行性的乘积是一个常量，而这个常量总是为零。

★ Money can't buy love，but it sure gets you a great bargaining position.

钱不能买到爱情，但毫无疑问，它的分量可以影响杠杆的平衡。

★ Sex takes up the least amount of time and causes the most amount of trouble.

性爱只需要最短的时间就能带来最多的麻烦。

★ No matter how many times you've had it，if it's offered take it，because it'll never be quite the same again.

不管你曾经拥有了多少次，如果还有的话，接受吧，因为每一次都是不同的。

★ If it seems too good to be true，it probably is.

如果令你难以置信的话，你最好还是别相信。

★ When a man's wife learns to understand him，she usually stops listening to him.

当一个男人的妻子学会去理解她的丈夫的时候，她一般不会再听他怎么说了。

★ The qualities that most attract a woman to a man are usually the same ones she can't stand years later.

某一个男人最吸引某一个女人的品质，也就是多年后那个女人所不能容忍的，而且是最不能容忍的。

★ Sex is hereditary. If your parents never had it，chances are you won't either.

性爱是遗传的。如果你的父母从来没有过，那你也不会有的。

★ It was not the apple on the tree but the pair on the ground that caused the trouble in the garden.

在花园里造成麻烦的不是树上的苹果，而是那双在地上的你的脚。

★ Before you find your handsome prince，you've got to kiss a lot of frogs.

在发现你的英俊王子之前，你已经吻过了无数只青蛙。

★ There may be some things better than sex，and some things worse than sex. But there is nothing exactly like it.

有些东西可能比性爱好，有些东西可能比性爱差，但没有一样东西是像性爱那样的，性爱独一无二。

★ If the effort that went in research on the female bosom had gone into our space program，we would now be running hot-dog stands on the moon.

如果把用在研究女人胸部的精力放在航天计划上的话，我们或许已经在月球上练摊儿了。这表明最重要的事情总是无法得到人们最多的精力。

★ Love is a matter of chemistry，sex is a matter of physics.

爱是化学反应，性却是物理反应。

★ It is better to have loved and lost than never to have loved at all.

爱过了，失去了，但也好过根本就没爱过。

★ A woman never forgets the men she could have had; a man，the women he couldn't.

女人永远不会忘了那个她曾经可以拥有的男人；男人永远不会忘了那

个他不可能拥有的女人。

★ It is better to be looked over than overlooked.

匆匆一瞥总是好过目中无人。

★ Don't do it if you can't keep it up.

不能继续下去的话，你最好还是别采取行动。

★ Love is the delusion that one woman differs from another.

爱，是一种错觉和假象，让你认为某个女人不同于另一个。

★ If you're heart is broken, sweep up the pieces.There will always be someone who will want to put it back together.

如果你的心碎了，把碎片收拾起来。这个世上总会有人想要把它补好的。

★ Love and high-school must never go together.

爱和高中永远也走不到一起，事实总是如此。

★ Never trust a woman who acts like you are so sexy she can't help herself but drag you to bed.

如果一个女人表现出因为你长得太性感以至于控制不住把你往床上拽的话，千万别信她。

★ The Key to a woman's heart is an unexpected gift at an unexpected time.

打开女人心的钥匙，是在一个意想不到的时间送上一份意想不到的礼物。

★ The two thing no man can ever understand women and what makes all men complete damm fools over women.

有两件事，没有一个男人能搞明白：女人和什么让所有的男人在女人面前变得绝对愚蠢。

★ The man shalt not win the argument he started, The man shalt not win the argument he didn't start，If a man won an argument，it was just in his head.

男人挑起的争论，他赢不了。不是他挑起的，他也赢不了。如果他赢了，那只有他这么认为。这表明主动挑起争论的人注定会输。

★ Before falling in love do take your backup，it always helps in recovery.

在坠入爱河之前请备份，因为有助于伤后恢复。

★ Love has all the answers. But till then sex brings up some good questions.

爱有了所有的答案。只是后来，性又带来一些很有意思的问题。

★ Anticipation is 98% of the pleasure.

期待占据了快乐的 98%，另外 2% 才是结果。

★ Marriage is the greatest leveler.

婚姻是最伟大的平均主义者。

★ If you're having difficulties choosing between potential two girls，you'll always pick the wrong one.

如果你准备结束脚踏两只船的状况，基本上你总是会抽回那只不该抽的脚。

★ If it seems perfect today，tomorrow it will end.

如果今天看上去完美的话，明天将是终结。

★ Never make love in your back garden. Love is blind，but not your neighbors.

别在你的后花园做爱。爱是盲目的，但你的邻居可不是。

★ Love is blind. Marriage is an eye opener.

爱是盲目的，在你发困的时候，婚姻就是撑起眼皮的小棍儿。

★ Your best friend stop being your best friend the instant a beautiful woman walks in and you both are attracted to her.

在一个美女走过来而你和你最要好的朋友都被她迷住的一刹那，你最要好的朋友就不再是你最要好的朋友了。

★ Women are like boats: they require constant maintenance and attention, and they cost a lot of money.Men are like buses: another one will eventually come along.

女人就像游艇：她需要定期的维护和关注，而且花费很高。男人就像公共汽车：下一班迟早会来的。

★ Romance is when common sense flies out of the window.

浪漫就是常识从窗口飞出去。

★ Beauty is directly proportional to the number of drinks consumed.

眼睛看到的美貌与肚子里的佳酿成正比。这表明喝醉以后，看谁都是美女。

★ Any "Why" question, has no answer, and if it does, that answer is not logical.

任何“为什么”的问题都没有答案，如果有的话，答案也不合乎逻辑。

★ If you love a person let them go. If they don't come back they weren't worth it.

如果你爱一个人，就让他走。如果他没有回来，说明他根本不值得你去爱。

★ To get your significant other you need: time, money and energy. The sum of the three is constant. If you are short of one of them, you need quite a lot of the remaining two. If you are short of two of them, you need tremendous amount of the remaining one. If you are short of all the three, no hope. Otherwise the result is always success.

想要得到你的另一半，你需要：时间、金钱和精力。三者的总和是常量。如果缺其中一样，另外两样的投入就会相应增加。如果缺其中的两样，剩下的那样需要非常巨大的投入。如果三样都缺，那你就没有希望。除了这些情况，结局都是成功的。

★ You don't pay for sex，you pay him/her to leave after you're done.

你不是花钱买乐子，你只是在完事后付钱让他 / 她离开。

★ Beaches law: If you think a girl is beautiful，her boyfriend will always be there to confirm it.

沙滩法则：如果你认为一个女孩漂亮的话，她的男朋友总会及时地在那儿证实你的观点。

★ Marriage is like a dog with a bone，he might not touch it，just doesn't let another dogs come near it.

婚姻关系就像一只狗和一根骨头，他 / 她可能碰都不碰那根骨头，只是不允许其他的狗靠近。

★ The difference between love and the common cold is that for the common cold there is a vaccine.

爱和感冒的区别，在于感冒是有药可治的，爱却没有。

★ Being told that someone doesn't want to date you because you're such a good friend，is like being told that you didn't get the job because you're overqualified.

被告知某人不愿和你约会是因为你是一个难得的好朋友，就像被告知你得不到这份工作是因为你的资历太高了一样。

★ You don't fall in love，you fall in a hole. The depth of the hole is proportionate to how oblivious you are of the fall.

你不是坠入了爱河，你是掉在坑里了。坑的深度和你对掉进去的健忘程度一定成正比。

• 科技法则 •

★ Logic is a systematic method of coming to the wrong conclusion with confidence.

逻辑就是一个让人充满信心的，然后系统地得出错误结论的方法。

★ An expert is one who knows more and more about less and less until he knows absolutely everything about nothing.

专家就是那些在越来越狭窄的领域里知道得越来越多的人。照此推下去，总有一天他们会在空无一片的领域里知道世间的一切。

★ Tell a man there are 300 billion stars in the universe and he'll believe you. Tell him a bench has wet paint on it and he'll have to touch to be sure.

告诉一个人宇宙有 3000 亿颗星星他一定会相信的，但你告诉他椅子刚漆过，他会非用手摸一下来确认。

★ Nothing ever gets built on schedule or within budget.

没有什么东西可以按计划或者在预算内完成。

★ A failure will not appear till a unit has passed final inspection.

失败总在通过了最后的检验之后才会出现，否则就不会有失败的发生了。

★ To err is human，but to really foul things up requires a computer.

人总会犯错的，但要把事情搞砸还需要一部电脑。

★ We don't know one millionth of one percent about anything.

我们对任何事情所知道的，其实还不到百分之一的百万分之一。

★ Any sufficiently advanced technology is indistinguishable from magic.

任何充分、绝对和安全先进的技术和魔法没什么区别，不要相信。

★ A computer makes as many mistakes in two seconds as 20 men working 20 years make.

一台电脑在20秒里犯的错误相当于20个人在20年里犯的错误的总和，只是你看不见。

★ Nothing motivates a man more than to see his boss putting in an honest day's work.

没什么比看到老板老老实实地干一天活更能激励员工的了。这表明老板也要干活。

★ Some people manage by the book，even though they don't know who wrote the book or even what book.

一些人喜欢按图索骥，甚至有时候他们都不知道是谁画的图，或甚至于到底是什么图。

★ To spot the expert，pick the one who predicts the job will take the longest and cost the most.

如何才能甄别专家？那个认为该项目需要最长时间，并且需耗费最多资金的家伙就是。

★ Computers are unreliable，but humans are even more unreliable. Any system which depends on human reliability is unreliable.

电脑靠不住，但人更靠不住。靠人维护的所有系统当然也就靠不住。

★ If you can't understand it，it is intuitively obvious.

如果你没法理解一件事，说明这件事在直觉上是显而易见的。

★ In designing any type of construction，no overall dimension can be totaled correctly after 4:30 p.m. on Friday. The correct total will become self-evident at 8:15 a.m. on Monday。

不管任何的建筑设计，大样图是不会在周五下午四点半以后校正合成的。周一早上八点十五分以前它会自动地校正合成。

★ The only perfect science is hind-sight.

仅有的完美的科学就是马后炮，总在出了问题之后才找到完美的途径，然后接着出问题。

★ If it's not in the computer，it doesn't exist.

对今天这个时代来说，如果不是存在电脑里的东西，那就是不存在的。

★ When all else fails，read the instructions.

怎么也搞不定的话，就看一看操作说明吧。

★ Any instrument when dropped will roll into the least accessible corner.

我们的工具总是掉在那些不容易捡的角落里。

★ Any simple theory will be worded in the most complicated way.

任何简单的理论，均会给予最复杂的文字表述，以表示它是多么高深。

★ A difficult task will be halted near completion by one tiny，previously insignificant detail.

一项任务在完成之前，总会由于一个微小的先前曾经是微不足道的细节而发生中断。

★ The remaining work to finish in order to reach your goal increases as the deadline approaches.

离截止的日期越近，为达到目标而需要完成的工作就越来越多。

★ Don't fix something that ain't broke，'cause you'll break it and you still can't fix it。别修理那些还没停工的家伙，不然的话，你会把它整停工了而且还修不好。

★ If you are not thoroughly confused，you have not been thoroughly informed.

如果你还没有彻底糊涂的话，说明你还没获取足够的信息。

★ Never trust modern technology. Trust it only when it is old technology.

千万别信最新的科技，得等它有点岁数了。这表明新发明的东西总是不可靠，也最容易出错误。

★ The most ominous phrase in science: "_Uh_-oh . . ."

最不吉利的科技短语就是：“啊呀……”说明出错了。

★ It is simple to make something complex，and complex to make it simple.

把事情搞复杂很简单，把事情搞简单就很复杂。

★ A man with one watch is certain about time. A man with two watches isn't.

一个人有一只表的时候他可以确定时间。如果有两只表的话就难办了，他不知道信谁。

★ The more knowledge you gained，the less certain you are of it.

你知道得越多，就越吃不准。这表明信息量越大，人越难以判断。

第 4 章

吸引力定律

◎"我思即我得"

◎神奇魔力：奇迹是怎样发生的

◎掌控吸引力定律的秘密

◎警惕"心想事成"的陷阱

◎"我思即我得"

•　吸引力是什么？　•

我们知道，有一种我们看不见的能量，一直引导着整个宇宙规律性地运转，正是因为它的作用，地球才能够在46亿年的时间里保持着运转的状态；也正是因为它的作用，太阳系乃至整个宇宙中，数以亿计的星球，都能相安无事地停留在各自的轨道上安分地运行。这样一种能量引导着宇宙中的每一样事物，也引导着我们的生活，这种能量就是——吸引力。

是的，这是我们可以感觉到的宇宙间的能量，就像美丽的月亮西升东落，始终在我们的夜空闪亮，它被地球的吸引力俘虏着，永远不能逃脱，只能成为人类眼中的美景。但我们现在讲到的吸引力则是另一种潜在的能量：它同样来源于宇宙，可是却藏在我们的心灵之中，掌控着我们的生活，甚至控制着我们的命运。这种吸引力产生作用的机制，就是吸引力定律，又称为吸引力法则。

它是像磁铁一样把所有的东西都吸附在自己的身边吗？很显然不是的。它表明了人的心灵对人的一生发挥作用的过程，以及一个人对于外界事物的感召力量。

作为一个正式的科学术语,"吸引力"的诞生不过才100多年的历史,但是它背后的精神却早已经存在于古老的印度人的信仰之中。随着印度教对通神学的影响,"吸引力法则"的概念也逐渐地出现在一些早期的有关通神学的文献中。在1877年,"吸引力法则"作为一个专业术语,出现在了布拉瓦茨基夫人(Madame Blavatsky)的关于神智学的书《除去面纱的艾西斯》(*Isis Unveiled: Secrets of the Ancient Wisdom Tradition*)中,在当时,这代表着一种神秘的力量,不被科学所接受,能够理解它的人也很少。可以说,尽管通神学向人们表述了吸引力的存在,但人们并不知它所以然。

直到1879年4月6日的《纽约时报》上,一篇关于在科罗拉多州淘金热中吸引财富的文章里提到了"吸引力法则",告诉人们那些一夜暴富的人靠什么样的力量将金钱变成了他们的囊中之物:"他们拥有对财富的疯狂向往,所以他们成为让人嫉妒的大富翁。"这是"吸引力法则"的概念第一次出现在大型的报刊媒体之上,它正式走进了人们的视野,并在"获得财富"的强烈吸引力下,被人们普遍关注。

• 吸引力定律的发展 •

1906年,"新思维"的杂志编辑威廉姆·沃尔特·阿特金森在他的"新思维"书籍《思维波动:思维世界的吸引力法则》一书中介绍了"吸引力法则",这意味着更深入研究的开始。转眼在1907年,这个惊天定律的推动者布鲁斯·麦克莱兰(Bruce MacLelland)就出版了他的伟大著作《想象力带来富有》(Prosperity Through Thought Force)。在书中,他对"吸引力法则"做了全面的总结,提出了"你是你所想,而非你想你所是"(You are what you think, not what you think you are)的概念。

麦克莱兰说："你所想到的，一定是你能够成为的，渴望会帮助你向前走，也会让你向后退却，一无所得。这一切，都取决于你内心的欲望。"

之后，有关吸引力定律的研究开始层出不穷，成为一种全新的思维科学或者精神科学，比如，1926年出版的欧内斯特·赫尔姆斯（Ernest Holmes）所著的《心灵科学的基本思想》；1949年雷蒙德·霍利维尔博士（Dr.Raymond Holliwell）所著的《让吸引力法则伴随工作》；20世纪90年代，杰瑞·希克斯（Jerry Hicks）和埃丝特·希克斯（Esther Hicks）出版的包括《亚伯拉罕的教义》《情绪的惊人力量》在内的一系列著作，都开始对吸引力的神奇魔力进行阐述。像我们前面介绍到的，当时光来到2006年时，一部叫作《秘密》（*The Secret*）的电影真正地让"吸引力法则"的概念风靡了全球，成为全球渴望成功的人无比信奉的科学准则，掀起了一股全球性的关注"吸引力法则"的热潮。

• 科学的解释 •

从科学的角度讲，心灵的吸引力是真实存在的。因为振动频率相同的东西，会互相吸引而且引起共鸣。我们的意念和思想是有能量的，脑电波也是有频率的，它们的振动会影响其他的东西，并引发连锁反应。大脑就是这个世界上最强的"磁铁"，会发散出比任何东西都还要强的吸引力，对整个宇宙发出呼唤，把和你的思维振动频率相同的东西吸引过来。

也就是说，我们生活中的所有事物都是被心灵吸引过来的，是大脑的思维波动所吸引过来的。所以，我们将会拥有内心所能想到的最多的事物，我们的生活也将变成内心最经常想象的样子。这就是吸引力定律在生活中的存在。

你可以这样来理解：无论你的注意力或者能量集中在哪一个方面，也无论这种注意力或者能量是消极的还是积极的，你都在吸引着它们成为你生活中不可分割的一部分。

一个最简单的表述是：同频共振，同质相吸（That which is like unto itself is drawn）。

意思就是说：同样频率的东西一定会共振，同样性质的东西一定会因为互相吸引而走到一起。共振会产生同质性，同质性就会产生吸引力，吸引力会把这两个共振体牵扯到一起。所以，假如共振性没有改变，则在吸引力定律的作用之下，一样东西将会不断地持续扩大、成长。而这种成长是自然的，而且是根植于自然法则的三大本质的，所以其威力也是如此的强大，以至于没有任何外力能够阻挡它。

说到这里你就明白，吸引力定律不但不属于神学或迷信的范畴，而且是最为科学的一种解释，是科学法则的体现，同时它也是众多的宇宙定律之一。要知道，宇宙定律统治着这个宇宙，它们是人类生活的基本法则，适用于任何时候、任何人和任何地方，不可能被改变，也不会被消灭。而且，吸引力定律是所有的宇宙法则中最强有力的一种，它在概念上十分简单并普遍存在，但我们必须学会运用，否则也只能游离于它的力量之外。只要你真正地掌握了它，它就会成为你生活的一部分，帮助你创造人生的奇迹。

对于吸引力定律，最简单的中国式的定义就是：同类相聚。在这 4 个字中，包括下列的思想：

1. 你能得到你考虑的，不管你想不想要。

2. 所有形式的物质或能量都吸引与之频率接近的东西。

3. 你是一块活着的磁铁。

4. 你总是得到你花费精力和集中注意力的东西，不管你想不想要。

5. 能量吸引类似的能量。

6. 任何事物都吸引与其类似的事物，无论好的还是坏的。

◎ 神奇魔力：奇迹是怎样发生的

心灵的吸引力能够给你任何你想要的东西：幸福、健康、财富。你可以拥有，去做，或者成为任何你想要的、我们能拥有的、所选择的任何的东西，而不管这个目标有多大。

比如，你想住什么样的房子？想成为百万富翁吗？想经营什么事业？想有更多的成功吗？归根结底，您到底想要什么？这不但是我们的人生目标，而且是启动内心能量的一把钥匙。

很多奇迹，每天都发生在人们的生活中，财务上的奇迹，身体康复的奇迹，心理康复的奇迹，感情修复的奇迹……那些看似已经无法挽救的失败、死亡、衰灭，即将到来的消失，都起死回生，重新焕发生机，并且比以前更加强壮……这一切的发生，都是因为当事者知道如何运用吸引力定律，这个神奇的大秘密。它是一种威力无穷的自然力量，更是一种无处不在的科学规律。

你相信吗？在你的生活中所发生的所有的事情，本质上都是你自己吸引来的。是你的头脑中所想象的图像吸引来的，与别人无关，是你自己的思想导致的。不管你的大脑中在想什么，你都会把它吸引过来。

你来了解一下古巴比伦人，他们也知道这个规律。那是精心挑选来的一小群人。你可以想一想，为什么 1% 的人挣到了 96% 的钱？为什么这个世界 20% 的人控制着全世界 80% 的资源和财富？你认为这是一个偶然吗？不是的，因为只有这一少部分的人懂得如何发挥吸引力的作用，他们明白应该如何将内心的渴望变成现实，所以他们总能心想事成，“我思即我得”，永远占据领先之位。他们懂得这个道理，同时也知道这个秘密，但他们不准备告诉另外 80% 的人。

• 思想，成为，实物 •

理解这个奇迹的最简单的方法，就是你假设把自己当成一块磁铁。磁铁一定会吸引磁铁的，只要它们是同质性的。也就是说，你要清楚自己是谁，并且到底想要什么，你的脑海中要有一个清晰的关于目标的图像，你知道自己的渴望到底有多么强烈，以及实现这个梦想对于自己是多么的重要。那么，从这一刻开始，你才能召唤宇宙中这些伟大的定律，即吸引力定律。

相信我，相信心灵的力量！你会成为你心里想得最多的那种人，也会拥有你心里想得最多的东西。相似的吸引相似的。我们要做的就是持续地思考我们想要的东西。你在心中见到的，将会成为你手中得到的。当你渴盼奇迹时，奇迹就会向你走近了；当你希望得到什么时，你离它的距离就会缩短，就会得到更大的机会。

这个定律可以概括为 3 个词：思想，成为，实物。

要知道，思想也是有频率的。每一种思想都有一个频率，只要人活着，它就存在并且始终在发挥强大的作用。我们可以测量这个思想，比如，如果你反复思考一个想法或经常在脑海中想象它：你想象自己已经拥有了某一辆福特新车，或者你已经拥有了所需要的足够的钱，或者你正在创建你的公司，实现人生梦想，抑或已经找到了你的心灵伴侣。

只要你在脑海中想象它们的样子，你的思想就会持续地发射对应的频率，不断地发射这种带有磁性的信号，然后就会把相似的东西吸引回来。你不会立刻成功——你想一夜暴富？这是不可能的，也并不科学，但你会逐渐得到相应的机会。也就是说，当你想象自己生活在富裕之中时，你就会把“富裕的机会”吸引到你的身边。富裕的目标本身会给你打开一扇大门，指给你一条光明之路，然后你可以调动自身的才华和积极的态度，以及些许的运气去走到终点，得到这些日思夜梦的东西。

这个定律永远是起作用的，无论什么时候，无论对什么人，都是如此。重要的是，你能否对此感应到，并捕捉到天赐良机？

也许有人会抱怨说：“我每天都想发财，可我为什么没有成功？”“我整天都盼望升职，为此几乎要变成神经病了，可为什么总是不能实现？那个胖子还是死死压着我，挡在我前面！”有一个问题很重要：很多人表面上是在渴盼积极的目标，但实质上想的是他们不想的东西，他们总是在想，为什么不想要的东西总是出现在自己面前？是因为他们的潜意识不自觉地去思考和留恋于消极的过去以及糟糕的现实。吸引力定律才不管你认为某一件事物是好还是坏，它也不会管你是想要还是不想要。因为它只是回应你的想法，只在潜意识中起作用，调动内心吸引的能量。

所以，假如你坐在那里，看着面前堆积如山的债务，望着那个整天跟自己过不去的胖子，并且感到心情很糟糕的话，麻烦就来了，因为你会把这些信号发射到潜意识中，开启一扇更加灰暗的心灵之门。你心中在哀叹：“唉！我这么多的债务，真是烦恼死了。”“有他没我啊，只要他一天不走，我就好不了！”你这样想只能是不断地向你自己强调这种糟糕而难以改变的状况，这种感觉充满了你的整个身心，吸引到了更多的不愉快和难以接受的失败结果，结果是你会得到更多的烦恼，现实不但无法改变，反而会愈加让人失望了。

这就是吸引力定律的本质，它是冷冰而没有任何感情倾向的，不会判断是非，也不分好坏，并不会主动替你挑选那些积极的愿望，而是无论黑白，它照单全收。当你看到你想要的东西，并从心底接受它，你就召唤了一个思想，吸引力定律就会响应你的这个思想；但是当你看到你不想要的东西，并在思想中排斥它的时候，你其实并没有把它推开，相反，一个关于你不想要的东西或思想反而在向你走近了。所以，奇迹不但不会发生，现实也有可能更糟糕。吸引力定律总是在起作用，不管你是否相信它或是否理解它。它会让你变得更好，也会让你变得更坏。

这就是“思想—成为—实物”的衍生秩序，当你产生思想，就跨进了变成现实的过程。你盼着明天会是一个晴天，但你首先想到的是担心下雨，并因此产生了忧虑的情绪，于是明天超过 80% 的可能性一定会下雨——吸引力产生了作用，你担心的事情反而会变成现实。但当你始终乐观地相信明天一定艳阳高照时，你在脑海中想象着一幅阳光明媚的图画，你和妻子一起牵手走在温暖的田野，然后不停地感叹着：“真是美好的一天呢！”相信我，当你总是这么想时，你会一直生活在好天气中。上帝回报给你的“实物”一定是让你满意的，因为吸引力定律具备两面性，就像思想也有积极和消极的两面一样：

你想象并热爱的，会是你得到的；你担心并恐惧的，是经常降临的。

奇迹来源于热爱，热爱产生吸引

对我们来说，无论你是在回忆过去，思考现实，或者是在想象未来，在所有的这些过程中，你都是在召唤一种思想的产生，吸引力定律就会迅速回应你的思想。只要我们在生活，身处在这个社会，思想的创造总是在发生。每当我们产生一个思想，或者进行一个漫长的思考，我们就是处在一个创造的过程中，就必定会有一些东西被创造（实现）出来。

吸引力定律告诉我们：我会给你想要的东西和集中思想考虑的东西。因此，如果你是在抱怨东西不好，你就会制造出更坏的东西。反之，现实就能被变得更好。这一切都与热爱有关。当你热爱积极的生活，积极的生活就会发生；当你讨厌灰暗的现实，现实可能会更加灰暗。

罗伯特是一个同性恋，他正面临严酷的现实生活，因为在工作中，他的同事们合起伙来欺负他。他认为他的同事都很坏，感觉到很有压力。他说，当他走在街上时，在每个街区，都有些敌视同性恋的人找他麻烦，他们用各种方式来侮辱他。他的理想是成为一名独角戏喜剧演员，但当他登台出演节目时，在场的每一个人都会放肆地嘲笑他，因为他是一个同性恋。看来，他的生活充满了不幸和苦难，所有的这一切，都围绕着一个思想：因为他是一个同性恋，所以总是遭人攻击。

现实应该如何改变呢？这是罗伯特的苦恼。他总是把注意力集中到那些他不想要的东西上，忘了将眼睛看向积极的另一面。他面临太多自己很讨厌的东西，比如人们的歧视、嘲笑、周围人的不解，而当他很激动地将他的思想集中在这些东西上面时，却只会促使它们更快地发展。

罗伯特后来得到了积极的启示，他请教了吸引力定律方面的专家，然后他就开始把注意力集中到想要的积极的东西上，开始努力地尝试，在接下来的 6 到 8 周内，他的生活确实发生了奇迹。因为他找到了改变现状的秘密——热爱生活。他后来总结说，在他的办公室里，曾经找他麻烦的那些同事，要么被调到另外的部门，要么离开了公司，或者根本不再找他麻烦了。正因为他开始热爱他的工作，不再注意这些让他不开心的事情，当他走在街上时，没有人再来嘲笑他，他们根本也不在那里了。当他出演独角戏节目时，他开始收到热烈地欢呼，也没有人再大声地发笑了。

他感觉到，自己的生活开始改变了，因为他不再思考那些他不想要的东西——那些他担心害怕的事情和想要避免的事情，而是将精力集中到他希望的事情上。但是事实上，以前他所讨厌的东西仍然存在：旧的同事调走了，新的同事还是对他有看法；观众席上仍然有人对他嗤之以鼻；熟悉的邻居还是有人对他不屑一顾。只不过，罗伯特已经不再在意这些，他每天想的只是好好工作，享受工作的乐趣。于是，这些消极的因素全都消失了，他得到的是工作的快乐和充满希望的人生。

因此，我们如果对未来保持积极的态度，就会理所当然地把那些积极的人、正面的事情和好的环境都吸引到身边来。当然，你也可以对未来感到十分消极和恼怒，这样，你就会把那些爱生气的人和消极恼怒的环境吸引到身边来。两者产生的结果是天壤之别的，而过程只有一个，那就是我们总会将思维中占主导地位的思想吸引到身边，不管它们是有意识产生的，还是无意识产生的，问题就在这里，奇迹也就藏在里面，一切都源于热爱。当你热爱时，你就产生了心灵的吸引力。

多年以前的时候，我的工作也是一团糟，每天都有不顺心的事情发生，上司、同事、客户，好像一瞬间全成了吸血鬼，吸附在我的身上，让我既烦恼又无计可施。那段时间，去上班成了一种无法摆脱的痛苦。

坐在办公室，我看着这些，心里就想："生活为什么会变成这样呢？我应该怎么办？"开始的时候，我总是抱着厌恨的情绪对待这些事情，但是结果却更加严重。尽管我积极地工作，与人们进行沟通，可是效果并不好，因为每个人都能看到我的脸上充满了不正常的情绪。比如上司就找我谈话，他说："你不要这样子，有什么不满你就说出来，憋在心里可不好。"

最后，我意识到，原来我对情况改善的渴望反而引向了另一个无法得偿所愿的极端，因为从表面上看，我在寻求改变，实质上是一种发泄的行为。我的内心是在制造一种"带着怨恨工作"的环境，当这种环境形成时，吸附到我身上的不良因素反而更多。

后来我决定放下这些斤斤计较的得失，把回忆抹平，像一张白纸那样去对待身边的事情。我告诉自己，没有以前那些不快，同事都对我很好，上司一直在想着提拔我，客户都对我怀有感恩之情。那么，我要回报他们！对的，吃点亏又有什么呢？当我不在乎吃亏的时候，对工作和生活充满乐观的满足感时，情况顿时发生了让人惊讶的改变。我发现人们再也不是以前的那副嘴脸了，每个人真的对我很好，我得到了盼望已久的订单，客户跟我握手时，脸上充满理解的笑意；有过矛盾的同事跟我和解，并且主动向我道歉；上司不再找我的麻烦，因为我不介意他对我的批评和建议，他感到了我的诚意。

当你开始热爱生活时，你怎会得不到心满意足的快乐呢？只有你热爱，你才能得到这些东西。也就是说，当你真心地想做一件事时，全世界都会给你帮忙，只要不停地将你想要得到的成功默念在心，并且热爱这种成功，那么你总会得到回报。

• 让积极的态度成为主导意识 •

如果你仔细地观察，那些所谓的奇迹，其实正是我们的潜意识的能量。这种力量就在我们的身体内，它不会减少，也不会增加，每个人的库存量都是平等的，一样多。我们要做的事情就是张开眼睛，去认识、去热爱生活、去保持一个积极的生活态度，并让这种态度去主导潜意识，从而改善我们的生活。一个人成功达到的高度，取决于他激发潜能量的多少。那些被称为天才的人，并不是他们天生就多么优秀，而是他们经过努力，释放出了更多的潜能量；而那些一无所成的笨蛋，他们几乎一丁点的潜能量都没有利用，终生都在内心原封不动地存放着。

决定我们是否能够利用和利用多少潜能量的关键因素，就是对待生活的态度。

在生活中，我们可以看到很多吸引力定律方面的实例，比如一个人总说自己有病，每天担心得要死，那么他就会真的生病，不是突然出现意外，就是慢慢染上不治之症，结果可能真就死了。他最害怕的东西，整天挂在嘴边的坏消息，最后反而真的来了；一个人总说自己很富有：“我的钱够我花的，我还会赚更多的钱。”那么他就会实现富有，不管是金钱的还是精神的。在我们身边，到处都有吸引力定律的例证，有的是积极的，有的则是消极的。我们会看到，产生这种差别的，其实就是因为态度。对生活抱积极态度的人，他们的生活会变得越来越好；而抱着消极厌世想法的人，他们只能越来越不如意。如果你了解其中的奥秘，就知道应该如何改变自己的人生了。

现在，我们应该知道两件事：

第一，现代科学已经向我们证明，正面的想法，要比负面想法的力量强过上千倍！只要我们的态度积极，问题总会得到解决。

第二，我们生活在这样的一个世界：时间是带有缓冲的。这个观点来自于真正的心灵励志大师，同时也是吸引力定律方面的资深专家。也就是说，我们的积极渴望，并不会马上得到实现，这个环境并非是思想能够立即成为现实，而是一个长期和渐进的过程。实际上，这是一件好事，因为我们有足够的时间来完善思想，在保证积极态度的同时，始终走在正确和理性的道路上。

最后我们要知道，尤其对不如意的人们来说，你现在生活中的一切，包括那些你所抱怨的事情，其实与旁人无关，都是由你自己吸引来的。这个想法起初听起来你可能不太喜欢，你会很恼怒，可能会立即说：不，不是的！我很想变得快乐或者积极，但是烦人的事情太多了，我可没有吸引过那个倒霉的胃病，我也没有吸引过这个不讲理的客户，我更没有专门地去吸引破产，我也没有吸引离婚，没有吸引争吵和发怒。可它们都发生了，原因就在“他现在的抱怨”中。只要你还在抱怨，糟糕的东西就仍然源源不断地被你吸引过来，越来越多地累积在你的身上，最终压垮你的神经，捣乱你的生活。

但是，只要你现在学会改变，忘掉这些不愉快的过去，转而去让全身充满积极的思想，只想实现一个美好的未来。那么，吸引力定律就会把正面的方向转移过来，它的神奇魔力将使你的生活发生革命性地变化，直到你对生活感到格外满意。

◎ 掌控吸引力定律的秘密

我们已经知道了吸引力定律是可以改变生活的伟大秘密，但是，要想掌握它并很好地运用，其实并不那么容易。而且一个现实是，我们大多数人无论如何努力都很难控制自己的思想、情绪和行为。

我们的思想、情感、语言、行动结合在一起后的能量形式，它将会吸引与其本质相同的人、事、物。其本质就是，消极能量吸引消极能量；积极能量吸引积极能量。但是很少有人知道另外一个同等重要的法则，就是放下法则或者臣服法则。你要放下过去的包袱，要臣服于内心的积极力量。秘密就在这里，只有当你开始放下旧有的思维、情绪及行为模式之后，你才可以为你的能量提供空间来吸引内心渴望的愿望及目标。也就是说，只有心愿或渴望还是不够的，我们必须懂得具体的为潜意识加注能量的办法，才能真正让心灵的吸引力为生活带来积极的、可视的改变，而不是“只是空想就完了”。

• 放下旧有的模式 •

固有的思维存在两面性：一方面，会让我们形成处理事物的既有流程，不必每次都费心思考或“原创”，节省时间，提高效率；但另一方面，因为长时间所形成的思维、情绪和行为模式，就像一辆汽车的刹车系统，会阻止我们加速或做出改变。它不会让你变得更坏，但又同样不想让你变得更好，旧模式的价值就在于维持现状，不快不慢，一切都服从于大脑中的惯性思维。当你越想快速地创造你想要的生活的同时，这种旧的模式的阻力就会加大，把你拉回来，控制你的方向。所以很多人都有这样的感觉，尽管自己很努力，但经过一段时间后，好像又回到原有的生活模式中去了。

旧的思维模式耗费了我们大量的能量，它就像一扇关闭心灵的大门，控制着内心潜能量的进出。原本我们是可以运用这些能量去创造自己想要的生活或目标，但是被旧模式大量消耗，难以做出积极的调整和改变。所以，只有当我们清理掉这些消极的不合时宜的旧模式之后，才可以将能量转移到自己的新目标和愿望之上。

打个比方说，如果你每天有5000个念头闪过，可实际上没有一个是过去自己的经历所拥有的经验，那么你想控制内心的力量并让自己积极实行，的确就太困难了。内心有一种基于旧的经验的限制力量，它会掌控你的情绪，然后控制你的想法。

要知道，大多数的情感和思想是在潜意识的层面运行，我们自己很难察觉。事实上，我们日常94%—96%的行为是起因于我们潜意识中的思想和情感，人们很难控制。而显意识又是潜意识的入口，旧模式的力量会通过潜意识的释放，达到控制显意识的目的。所以，首先我们要运用释放限制的方法，防止旧的模式过度扩张，让自己畏首畏尾，无法全神贯注地来渴望新的积极的目标。

因此不用怀疑，释放旧模式对心灵的限制是掌握吸引力定律的关键。那么，我要如何具体地运用呢？怎样才能突破限制，创造自己想要的结果呢？

首先，你需要放下你的旧有的思想和情感，才可以消释你的负面能量。比如灰暗的过去，那些努力了很久仍然没有效果的老套的方法，这样你就可以切实感受到快乐、平和、财富与爱，这些才是积极生活的本质。你可以将附在你积极本质上的任何负面的能量放下，将你的思想和情感更有效地专注于积极的目标，从而更有效地在生活中运用吸引力定律，去渴望美好的事物。

其次，你应该了解，如果想要创造自己想要的事物，就必须在头脑中视觉化那个积极的目标，并产生如同拥有一样的感觉，我们应该积极地去感觉目标实现的喜悦。在这个过程中释放被限制和禁锢的能量。

总的说起来，释放限制并不难，它是一个简单、有效和容易掌握的技巧。它将帮助你获得瞬间放下任何负面情感和思想的能力，只要你结合下面两个方面，就可以帮助你获得一切的关键，更好地解决旧模式的限制和运用吸引力的力量。

○**行动：**你只要每天幻想目标和愿望实现后的美好，然后喜悦地等待接收宇宙的指令去行动，你就会抓住机会将目标实现。行动永远都是最重要的，没有实际的行动，你就只能待在空想的状态，就算怀里抱着一份世界上最了不起的计划，你也是一事无成，纸上谈兵。

就像一张地图，无论它绘制得多么详细，比例尺有多么得精密，它都不能带着它的主人在地面上移动哪怕一寸，还是要你迈出脚步，去实地考察、旅游，见识真实的风光；一部法典，无论它多么得公正和细致，也绝不能预防罪恶的发生，还是要靠人去具体执行；再比如一本教人成功的书，就算它写得再精彩，你读上 100 遍，也不可能赚回一分钱，只有结合自己的情况，去踏实苦干，开始行动，才是你成功的起点，才能使你的幻想和计划变成一股鲜活的强大的力量，体现出无与伦比的吸引力。

看一看下面这个故事，你就知道行动有多么重要！

罗马纳·巴纽埃洛斯是一位年轻的墨西哥姑娘，16 岁就结婚了。在两年当中她生了两个儿子，丈夫不久后离家出走，罗马纳只好独自支撑家庭。但是，她决心谋求一种令她自己以及两个儿子感到体面和自豪的生活。

她用一块普通披巾包起全部财产，跨过里奥兰德河，在得克萨斯州埃尔帕索安顿下来，并在一家洗衣店工作，一天仅赚 1 美元，但她从没忘记自己的梦想，想在贫困的阴影中创造一种受人尊敬的生活。于是，口袋里只有 7 美元的她，带着两个儿子乘公共汽车来到洛杉矶寻求更好的发展。

她开始做洗碗的工作，后来找到什么活就做什么。拼命攒钱直到存了400美元后，便和她的姨母共同买下一家拥有一台烙饼机及一台烙小玉米饼机的店。她与姨母共同制作的玉米饼非常成功，后来还开了几家分店。直到最后，姨母感觉到工作太辛苦了，这位年轻妇女便买下了她的股份。

不久，她经营的小玉米饼店铺成为全国最大的墨西哥食品批发商，拥有员工300多人。

她和两个儿子在经济上有了保障之后，这位勇敢的年轻妇女便将精力转移到提高她美籍墨西哥同胞的地位上。

“我们需要自己的银行。”她想。后来她便和许多朋友在东洛杉矶创建了“泛美国民银行”。这家银行主要是为美籍墨西哥人所居住的社区服务。如今，银行资产已增长到2200多万美元，这位年轻妇女的成功确实来之不易。抱有消极思想的专家告诉她：“不要做这种事。”他们说，“美籍墨西哥人不能创办自己的银行，你们没有资格创办一家银行，同时永远不会成功。”

“我行，而且一定要成功。”她平静而自信地回答。结果她真的就梦想成真了。

她与伙伴们在一个小拖车里创办起他们的银行。可是，到社区销售股票时遇到一个麻烦，因为人们对他们毫无信心，于是她向人们兜售股票时屡屡遭到拒绝。

他们问道：“她怎么可能办得起银行呢？”“我们已经努力了十几年，总是失败，你知道吗？墨西哥人不是银行家呀！”

但是，她始终不放弃自己的梦想，努力不懈，如今，这家银行取得伟大成功的故事在东洛杉矶已经传为佳话。后来她成为美国第34任财政部长。

有一句经典的话说得好：当失败者休息的时候，成功者在工作；当失败者在沉默的时候，成功者在演讲；当失败者在说太迟了即将放弃的时候，成功者已经准备好整装待发了。这充分证明了行动力对于吸引力定律的重要基础。

○**不计回报的付出：**非常重要的一点是，你要在不期望回报的前提下开始付出，这将会给你带来直觉与感恩，当你无条件地付出，你就是在启动内心的能量循环，那么你将会收到成倍的能量回报。根据吸引力定律，你给出的能量将会吸引回报能量。

现在有不少的人，他们虽然也能够为自己制订一份切合实际的计划，也拥有行动的能力和勇气，但他们在做起事来之后，却在风险和困难面前优柔寡断，对得失看得太重，一边付出一边在敲着算盘：我到底能得到多少好处？是不是一定会得到回报呢？我这样做到底值不值？然后在他们犹豫的时候，别人已经把他超越，抢先一步占据了高地，结果他真的就没有得到任何回报，刚走到半山腰就只好悻悻地掉转方向，下山去了。

中国人说："舍得。"这两个字的意思就代表了一切，只有舍，才有得。只有不计回报，看淡名利，你的付出才会有价值，积极的态度才能最大化地转化成吸引力，将你想要的东西吸附到自己的身边。哪怕最后你没有达到目标，实际收获的东西也会远远多过当初的计划！

• 跟随内心的指引 •

渴望产生变化，并带来积极的力量。在我们每个人的内心，都拥有这种指引的力量。当你愿意聆听内心的指引，彻底释放潜能量，将其专注在一个目标之上，它就会给你最适合的方向，并且将一切有利的因素吸引到你的身边。正确的直觉会给你任何你所需要的一切。

最终你会发现，你总是会在正确的时间与空间采取对你最有益的选择和行动。潜能量的力量是无比强大的，只要你将它们释放出来，让整个身体跟随它们前进，就没有什么做不到的事情。你将会无往不利，去真正地更加有效地创造你想要的生活。

具体的方法很简单：

1. 清楚自己到底想要什么，目标、理想，哪怕最简单的一件小事。

2. 提高相关的振动，开始渴望，并产生吸引力。

3. 授权给它，让潜能量发挥作用，跟着心灵的指引前进。

最重要的是，我们必须对自己想要的东西十分清晰和准确，不能有一丝的犹豫，然后集中注意力在它上面，向它倾注你所有的积极的能量，使自己的感觉良好。因为在吸引力定律的背后，一个很重要的因素就是能量以及我们情绪和感觉的振动，我们所拥有的任何思想，连同相关的情绪，从心灵的本身开始振动，才能向外界发射相关的振动频率，产生吸引力，得到想要的东西或者实现自己的既定目标。

其实就这么简单，我们完全可以把事情交给潜意识来完成，授予它全部的权力，让潜能量替我们达成所愿。但是，最难做的就是这个部分，因为需要我们去掉任何的怀疑，做到心无旁骛，在心灵力量的指引下，只要期待就可以了。比如，你可以总是期待你想要的事情，渴望好的事情发生，始终保持一种良好的感觉，感觉到你要的东西已经在路上了，然后确定一个接收的方式：严谨的计划和积极的努力。

放下方法的课程创始人莱斯特曾经说："直觉总是 100% 正确。"因为他了解当我们可以放下自己的意识惯性反应，然后选择相信来自内心的信息时，就永远不会出现错误。所以，要想正确运用吸引力的强大作用，在实际生活中再次出现对选择和行动方向不知所措的时候，一定不要让混乱、疑惑以及惯性的反应控制你的行为，而是要允许自己释放掉自己旧的情绪及僵化已久的思维反应，然后让内心的直觉指引浮现上来，就会一直让我们保持在正确与高速的轨迹上。

记住：听从内心的真正指引，信息就永远不会出错！

对我们这些普通人来说，无须去了解宇宙是怎么运行的，该定律只是要告诉你一个非常振奋的消息：你只需要改变自己的思想，就可以改变自己所处的外在环境！即不管我们是否意识到，当下生活的环境总是由我们过去或现在的思想塑造的！

当你能够领会其中的精髓时，你相信什么，你就会创造什么；你创造什么，你就会看见什么；你看见什么，你就会回过头来证明自己原先的想法是“对”的……我们的信念总是可以自我证明，能够创造一个事实，然后回过头来证明内心所想的正确。也就是说，当你对一件事情进行心灵的聚焦时，你就能创造并得到它。

◎ 警惕“心想事成”的陷阱

吸引力定律对一个人来说，意味着他可以创造奇迹：完成一些看似不可能完成的工作、目标或者伟大的理想。不过，吸引力定律在给我们打开奇迹之门的同时，也为我们设置了一个陷阱。

即：你一心想要的东西，最终也可能变成你想象不到的痛苦，或者从一个更长远的角度来看，它未必就真的适合你。你渴求了半天的东西，可能会在到手后，变成一场彻头彻尾的噩梦，让你付出不可弥补的代价。

所以，当你在向自己、向宇宙许下愿望之前，你必须要先想清楚自己为什么想要这样的愿望。也就是说，我们都需要真正地看清楚自己，真实了解自己的愿望，并首先判断可行性。

比方说，有的人可能一心想要成为一名科学家。但是实际上，他的资质也许并不适合这样的目标。你问他：“你为什么想做科学家？”他回答你：“因为我想发明一种可以登陆火星的飞船。”“为什么想发明飞船呢？”“因为我喜欢火星。”答案还可能是：“做成这件事让我有成就感。”

显然，事实可能是，虽然梦想无比伟大，值得人们称赞，但他相关的知识积累严重不足，而他现在已经快30岁了，根本来不及为此做好充分的准备。如果他对自己有清楚地认识，这时候他可能会明白，自己不过是希望得到大家的认可——崇拜或认同感，所以他为自己设定了一个无法企及的目标。

真相是，他的选择有很多种，成为科学家只是其中的一个可能而已。他可以做出正确的选择，比如去做一名作家（因为他是中文专业而且当过一段时间的记者），还可以开办一家公司（他有这方面的资源，并有不错的生意头脑）；当然他也可以做出错误的选择，就是做科学家或者更让他无法得手的目标。当他的选择错误时，心想就不会是“事成”了，反而对他的人生是一种拖累。

所以说，光有理念和目标还是不行的，更重要的是方法和可行性。而且当可行性确立后，我们还要全神贯注地、全力以赴地去做。每一个人都有可能在某一个领域成为专家。为什么没成呢？首先他没有分析目标的可行性，其次他没有全力以赴去做，就不会产生一定把它做好的想法和愿望，最后他没有找到正确的方法。

我们在平时的工作和生活中，肯定都会遇到这种情况。明明自己很积极地渴望一件事情，也付出足够的努力，但结果就是失败，无法达到心想事成的愿望。于是，你就认为自己很无能，或者吸引力定律是错误的。原因就是我们讲到的，你掉进了吸引力定律在给你奇迹的同时，设置好的一个陷阱里。

你所渴望的目标，它与你的心灵和潜能量，并不是同质性的。

你希望达到的愿望，它对你并不具备真正的吸引力。

所以，要摆脱它的陷阱，首先不能一厢情愿地认为“只要我想，我就能得”。先确定自己适合什么样的工作，以自身的能力，最大的付出后可以做到什么样的程度。当你推开一扇门时，要先明白门外的环境是否是你真正想要的。

然后，你再积极地去想这个事情，用尽各种办法来做，整合各种资源，就能够快速地找到解决问题的办法，一步一步地将事情做好。

其实，任何一件事情的完美，都是我们从一个领域做下去，将每一个环节做到极致，然后我们就是冠军。这是“我思即我得”的真正含义，而不是说你必须拿到第一名，战胜所有人，才能实现吸引力的目标。同时，当你没有认识清楚自己之前，不要许下不适合自己的愿望。否则，你越努力，错误就会越大。

第 5 章

帕金森定律

◎无法摆脱的“组织之病”

◎魔手的渗透

◎罪魁祸首还是可利用的资源？

◎取长补短，规避“帕金森”

◎ 无法摆脱的“组织之病”

帕金森定律是组织中的官僚主义或者官僚主义现象的一种别称，它源于英国学者C.N.帕金森所著的畅销书《帕金森定律》一书的标题，此定律常用来解释和分析官场或效率低下组织的各种现象。

• 帕金森的效率公式 •

1958年，英国历史学家、政治学家西里尔·诺思考特·帕金森通过长期的调查研究，出版了他著名的《帕金森定律》(Parkinson's Law)一书。他经过多年的调查和分析，发现一个人做一件事或不同的人做一件事所耗费的时间差别如此之大：

他可以在10分钟内看完一份报纸，也可以看半天；一个人忙20分钟可以寄出一叠明信片，但一个无所事事的老太太为了给远方的外甥女寄张明信片，可以足足花上一整天：找明信片一个钟头，寻眼镜一个钟头，查地址半个钟头，写问候的话一个钟头零一刻钟……特别是在工作中，我们的工作总会自动地膨胀，占满一个人所有的可用的时间，如果时间充裕的话，他一定会放慢工作的节奏或是增添其他的项目以便用掉自己所有的时间。

这真是一种奇特的现象，帕金森由此得出了一个伟大的结论：在行政管理中，行政机构会像金字塔一样不断地增多，行政人员会不断地膨胀，每个人都很忙，但忙无所获，组织效率会越来越低下，并且很难被逆转。由于他用了金字塔来做比喻，所以这条定律又被人们称为“金字塔上升”现象。

同时，帕金森也在书中阐述了机构人员膨胀的原因及其后果：一个不称职的官员，可能有三条出路。第一条是申请退职，把位子让给能干的人；第二条是让一位能干的人来协助自己的工作；第三条是任用两个水平比自己更低的人当助手。

他分析说：第一条路是万万走不得的，因为那样会丧失掉许多自己的权力，而且是千辛万苦终于争到手的权力，岂能拱手相让？第二条路也不能走，因为那个能干的人会成为自己的对手，将来有可能挤掉自己，至少会让自己的工作变得辛苦：因为要整天提防那个家伙，不能舒舒服服、高枕无忧了；看来只有第三条路最适合了，因为这样最保险，没人能威胁到自己的地位。于是，两个平庸的助手分担了他的工作，他自己则高高在上发号施令。两个助手既然无能，也就会上行下效，再为自己找两个更无能的助手。

这时，一种奇怪的循环开始了，逐渐地形成了一个机构臃肿、人浮于事、相互扯皮、效率低下的领导体系。效率的低下是自上而下的，一级比一级的庸人多，第二条又产生出机构臃肿的庞大管理机构。因为对一个组织而言，管理人员或多或少是注定要增长的。所以帕金森定律不断地在其中起到作用，证明着帕金森的分析和总结是多么正确。

帕金森定律还有一个公式可以用来精确计算效率的变化（降低）：

X=[100(2K^M+L)/yn]100%

在公式中，K 表示一个要求派助手从而达到个人目的人。从这个人被任命一直到他退休，这期间的年龄差别用 L 来表示。M 是部门内部行文通气而耗费的劳动时数（时间）。N 是被管理的单位（组织）。用这个公式求出的 X 就是每年需要补充的新员工人数（增加人员）。从数学的角度看，要找出百分比，只要用 X 乘以 100，再除以去年的总数 Y 就可以了。无论工作量有无变化，用这个公式求出来的得数总是处在 5.17%—6.56% 之间。

按照公式如此类推，我们就会看到一个机构重叠、人浮于事、互相扯皮、效率低下的领导体系慢慢地形成。而且这个定律不仅会在官场中出现和应验，在全世界的很多组织中都能看到。

• 定律警示的道理 •

帕金森定律告诉我们：不称职的行政首长一旦占据了领导岗位，庞杂的机构和过多的冗员便无可避免了，庸人占据着高位的现象也难以回避和消除，整个行政管理系统就会形成一种恶性的膨胀，陷入难以自拔的泥潭。

也就是说，这个环境中会出现一种奇异的景观：鲜花插在了牛粪上。鲜花代表领导的职位，牛粪则是组织中那些平庸的领导者，这种现象的危害是极其大的。我们可以举一些例子：

在某一个单位，实行银行代发工资的两个月以后，员工们竟然发现多出了 34 张“嘴”，有 34 名非本单位的员工却拥有了单位的工资账户。后经查实，这多出的 34 张“嘴”都是单位干部的亲属，其中 21 个人是副科级以上干部的子女亲属。在这其中，有早已经无所事事的老人、目不识丁的农妇，甚至还有 9 名是正在学习的大中专学生。

这类现象非常常见，比如在宁夏的西海固地区的同心县，曾经是以“苦甲天下”而闻名的，但就是在这么一个穷地方，帕金森现象也十分常见，有能力的人才得不到重用，那些能力平庸的人又大量超编地进入了行政机构，致使这个国家级贫困县吃“皇粮”的人数畸形膨胀。大量的冗员吃空了财政预算和各种补贴，就连专项资金也被挪用……产生了极其严重的“贫困的腐败”，引发了一连串的咄咄怪事：在这个仅有33万人口的贫困县里，吃“皇粮”的人高达1.1万人，全县超编人员高达2800多人。更让人匪夷所思的是，在这支庞杂的超编大军中，有大批“拿着俸禄不上朝”的“挂职干部”，轮流上班的“轮岗干部”，10来岁的“娃娃干部”，四五岁的“学龄前儿童干部”。在县烈士陵园中只有3座墓碑，却供养着20名管理人员，以至于有人嘲讽说：“这是20个活人守着3个死人。”

机构和人员过多、过滥而造成的效率低下，几乎成了一些地方的通病，而少数“懒和尚”当住持而产生的“食客者众”，更是成了这些部门的“痼疾”。不只在官场，在很多跨国公司都有这样的现象出现，只不过或大或小，表现形式不一。

比如有一个很著名的笑话，说美国的宇航部门花费了10年时间，用掉纳税人120亿美元，试图发明一种用于失重状态下的太空笔。可是当他们一无所获的时候，陡然发现，原来俄罗斯人一直在使用铅笔。

在现实生活中，有时候许多所谓的专家学者也会表现出强烈的帕金森症状，他们为证明自身存在的必要性（存在的价值和自己不容替代的能力），制造了大量类似的问题。而解决这些问题的工作又需要耗费大量的资源，虽然总是一无所成，但又每天乐此不疲。正如帕金森定律揭示的：一件事情膨胀出来的“所谓的”重要性和复杂性，决定着完成这件事情需要占用、花费的时间和资源。

• 帕金森定律发生作用的条件 •

第一，必须要有一个组织，这个组织必须有其内部运作的活动方式，其中管理要在这个组织中占有一定的地位。这样的组织很多，从大的来讲，各种行政部门，比如帕金森曾经在书中举出的英国海军编制的例子；从小的来讲，只有一个老板和一个雇员的小公司，也都存在着管理的组织，就有基本的条件发生帕金森现象。

第二，寻找助手以达到自己目的的不称职的管理者本身不具有对权力的垄断性。这就是说权力对这个管理者而言，可能会因为做错某一件事情或者其他人事的原因而轻易丧失。这个条件是必不可少的，否则就不能解释何以要找两个不如自己的人做助手，而不选择一个比自己强的人。因为崇拜和贪恋权力，他必然会开启帕金森现象之门。

第三，这个管理者的能力极其平庸或相对无能，他在组织中的角色扮演不称职，如果称职就不必寻找助手了，否则就不能解释他何以要找几个助手来协助。因为能力不足，视野和心态也必然不及格。

第四，这个组织一定是一个不断自我要求完善的组织，正因为如此，才能不断地需要吸收新人来补充组织的管理队伍，也才能符合帕金森关于人员编制增长的公式。否则，我们看到的就不是人员的增加，而是非常合理的裁员。

◎ 魔手的渗透

这条定律就像一只魔手，因为它的“无处不在”和必然会发生的条件，在当前的社会中存在着深厚的土壤，以至于成为全世界最为著名的定律之一。

• 魔手是如何“扩张”的 •

该定律所总结的现象是如何一步步实现的呢？帕金森在他的书中举例说：当官的A君感到工作很累很忙时，一定要找比他级别和能力都低的C先生和D先生当他的助手，把自己的工作分成两份给C、D，自己掌握全面。C和D还要互相制约，不能和自己竞争。当C工作也累也忙时，A就要考虑给C配两名助手；为了平衡，也要给D配两名助手，于是一个人的工作就变成7个人干，A君的地位也随之抬高。当然，7个人会给彼此制造许多工作，比如一份文件需要7个人共同起草圈阅，每个人的意见都要考虑、平衡，绝不能敷衍塞责，下属们产生了矛盾，领导要想方设法解决；升级调任、会议出差、恋爱插足、工资住房、培养接班人……哪一项不需要认真研究呢？于是工作越来越忙，甚至于7个人也不够了，还要召第八个人，第九个人……可是这么多的人，越来越多的人数比例其实是不干实事的，摆在那里当摆设。

他用了英国海军部的人员统计数据变化来证明：1914年，皇家海军官兵14.6万人，而基地的行政官员、办事员3249人，到1928年，官兵降为10万人，但基地的行政官员、办事员却增加到4558人，足足增加了40%，让人瞠目结舌。

由此可见，行政权力的扩张一定引发人浮于事、效率低下的“官场传染病”。并且，这还是一个世界病。

有一则在中国计划经济时代的真实笑话，说上海的某家工厂要盖厕所，报告经过了层层的审批，经费总算批下来了，但是只够盖一间的，经过厂领导的反复研究拍板，决定先盖一间男厕所，至于女厕所，只有等到明年再说了。最后钱花了，事情也没有做圆满，因为只有男厕所，无法满足人们的需要。“低效组织和平庸领导”的无能可见一斑。

“不拉马的士兵”的故事在这方面就体现得更加明显：

有一位炮兵军官，他上任伊始到部队视察操练，发现总会有一名士兵始终站在大炮的炮管下面，纹丝不动。军官很不解，这家伙站在这里干什么？过去询问原因，得到的答案是：操练条例就是这样要求的。

军官回去以后，反复地查阅军事文献，发现长期以来炮兵的操练条例仍因循非机械化时代的规则：在过去，大炮是由马车运载到前线的，站在炮管下士兵的任务是负责拉住马的缰绳，以便在大炮发射后调整由于后坐力产生的距离偏差，缩短再次瞄准时间。现在马车拉炮早已不复存在，大炮的自动化和机械化程度也很高，但操练条例没有及时调整，因此才出现了“不拉马的士兵”。

这样一个近乎荒谬的故事，至少给我们提出了三个思考。

思考一：为什么“不拉马的士兵”一直存在？

思考二：为什么原来的军官和士兵都没有发现？

思考三：为什么只有新军官才能发现这种情况？

我们不难发现问题的症结：

其一，问题之所以长期存在，是因为大家对某种制度或某种做法过于依赖已习惯成自然，缺乏客观条件发生改变后的敏锐把握，而且彼此的利益是一体的，每个人都想保住自己的利益，自然就会揭发他人；

其二，之所以此前的军官和士兵都未发现，实质上是暴露出了在效率低下的体制下，他们的工作责任心已存在相当大的问题，因为不排除有人知道这个士兵的多余（事实上都是知道的），但考虑到方方面面的关系，他们不想指出来，因为他们每个人也都有彼此的把柄；

其三，新来的军官一下就能发现问题，并不是他的能力有多强，而是他刚加入这个组织，有着强烈的使命感和直面问题的勇气，初始时保持着独立的思考和判断。

机构的膨胀极其缓慢的反应效率和无谓的浪费，由此可见一斑。但是我们也有理由相信，这名新军官待的时间长了以后，他也会倾向于像“不拉马的士兵”一样，变成“官僚主义”现象中的一员。

• 帕金森的派生定律 •

派生定律一：

冗员增加原理：官员的数量增加与工作量的大小并无关系，而是由这样的两个源动因造成的。第一，每一个官员都希望增加部属而不是对手；第二，官员们彼此为对方制造工作，互相掩护，但工作又都是可有可无的，就像拉马的士兵。

派生定律二：

中间派决定原理：为了争取中间派的支持，增加自己在组织中的支持率（选票），双方会颇费心机地进行争取，特别是在双方势均力敌的情况下。所以，不是竞争对手而是中间派成了主角。对决定的内容不十分清楚的人、意志薄弱的人、耳朵不大灵光的人，他们都是“最佳中间派”，也就成了组织中真正“重要”的人，成为一种无比讽刺的现象。

派生定律三：

鸡毛蒜皮定律：大部分的官员由不懂得百万元、千万元而只懂得千元的人组成，以至于讨论各种财政议案所耗费的时间与涉及的金额呈反比，即，涉及的金额越大，讨论的时间越短，反之时间则越长。鸡毛蒜皮的事情则花费很多的时间，最重要的事情反而得不到充分的讨论。

派生定律四：

办公场所的豪华程度与机关的事业和效率呈反比：事业处于成长期的机关，一般没有足够的兴趣和时间来设计完美无缺的总部。所以，“设计完美乃是凋零的象征”“完美就是结局，结局就是死亡”。这两句话的确是真理。

派生定律五：

鸡尾酒会公式：会议与鸡尾酒会（饭局）同在。把会场从左到右分为 A—F 段，从进门处到最远端分为 1—8 段，则可划分出 48 个区域；在假定酒会开始的时间为 H，且最后一名客人离开的时间是最初一名客人进场后 2 小时 20 分钟，则重要人物都会在 H+75 至 H+90 的时间在 E/7 区域集合，最重要的人物自然会在其中。

派生定律六：

嫉妒症（分三个阶段）：在嫉妒症流行的组织里，高级主管辛苦而又迟钝，中层干部钩心而又斗角，底层人员则垂头丧气而且不务正业。

第一阶段，出现了既无能又喜好嫉妒的人物，即他患上了“庸妒症”（平庸而嫉妒）；

第二阶段，这些庸妒症患者很不幸地进入或者原本就在高层，尽一切可能的手段排斥那些比自己强的人，拒绝提升能力强的人，与他们展开了一场“愚蠢比赛”；

第三阶段，组织仿佛被喷上了一层 DDT（敌敌威），凡是有才智者，一概不得入内，组织病入膏肓，此时已经无药可救了，面临死亡或重建。

派生定律七：

退休混乱（50 岁现象）：一般退休的年龄是 R，在前 3 年（R–3）人的精力会开始减退；问题则在于如何挑选合适的接替者，工作表现越优秀，任职时间越长，就越难寻找到合适的接替者，而在位者总会设法阻止职位较低的人接近自己的职位，以至于不得不延长他自己的退休时间。

◎ 罪魁祸首还是可利用的资源

我们现在知道的一个事实是，帕金森定律必须在一个拥有管理职能，不断追求完善的组织中，担负着和自身能力不相匹配的平庸的管理者角色，且不具备权力垄断的人群中才能起到作用。那么反过来说，在一个没有管理职能的组织，比如网络虚拟的学术组织，兴趣小组之类，就不会存在帕金森定律所阐释的可怕顽症。还有，像一些不思进取和墨守成规的组织，他们没有必要引进新人，不会出现人员的增加，自然也就没有帕金森定律的困扰。平庸者的组织如果不需要扩大，那么平庸只是针对他个人的，不会形成滚雪球一样的帕金森效应。另外，像那些拥有绝对权力的人，他自信满满，从不害怕别人攫取他的权力，也不会去找一个比他平庸的人做助手。作为一个能够承担他的管理角色的人，他也没有必要找一个助手，或者他极其自然且高效，拥有深刻的洞察力，在他的组织内，也不会存在帕金森定律的情况。

通过对于上述条件的分析，我们现在可以清晰地看到：权力的危机感是产生帕金森现象的根源。就像恩格斯总结的：“自从阶级社会产生以来，人的恶劣的情欲、贪欲和权势欲就成为历史发展的杠杆。”这很正常，人作为社会性和动物性的复合体，一定会因利而为，私欲膨胀，并且难以控制。

对这样的人来说，如果他的既有利益受到了威胁，他的本能就会告诉他，一定不能丧失这个既得利益，一定要想尽一切办法维护和保护自己已经到手的利益。这也正是帕金森定律起作用的内因。对于一个既得权力的拥有者，当他发现自己存在权力危机时，不会轻易让渡自己的权力，同时也不会轻易地给自己树立一个对手。他肯定会选择两个不如自己的人来作为助手，抵消掉这种威胁。

他的想法就是：我可以牺牲效率，但我一定要保住权力。

我们举一个例子：有一位公司老板，他的公司的土地和产权全部属于企业主所有，随着企业规模的不断扩大，公司现在有些名气了。但现在，他越来越感到在管理上有些力不从心了。显然，此时一定需要有人来协助他，帮他分担工作，让公司发展壮大，不然就会面临“瓶颈”，甚至会被竞争对手吃掉。

于是，该老板向各种媒体发出了征聘广告，应征而来的人络绎不绝。其中有这样的一位人才：他在美国一所著名的大学读完了 MBA 课程，而且有长达 10 年的管理经验，业绩良好，显然是一位十分得力的人选。

现在，这位很合适的人才就站在面前，这位公司老板会不会聘任他呢？他可能会飞快地想：公司的土地是我的，所有产权都是我的，这就意味着这个人来我这里是“无产阶级”，他纯粹是为我打工，替我服务，干得好，我可以继续留下他，给他很高的待遇，干得不好，我也可以辞退他，无论他如何出色、如何卖力地工作，他都不可能坐我的位置，老板永远是我。经过一番盘算以后，这位高智商和高素质、高能力的人才就被留下来了，老板对他言听计从，完全不受帕金森定律的影响。那么，这是一个拥有绝对权力和自信的人的做法。公司继续发展，终于取得了经营上的突破。

但是，随着公司业务范围的扩大，新的问题也开始层出不穷，这位高才生由于所学已经过时，又没有找时间很好地进行“充电”，离退休只有5年了，现在他感到力不从心，需要助手来协助他。于是他也向各种媒体发出征聘广告，各种各样的人才络绎不绝地涌来。其中有两个是老板比较看重的，一个是某名牌大学的公共管理专业刚刚毕业的研究生，写了很多的文章，理论功底极为深厚，但是实践经验却非常匮乏；另一位人才颇有实干家的手腕和魄力，拥有先进的管理观念和操作经验，可以说来之能用，用之能战。

老板拿不定主意，就叫他来选择，这时候他就盘算开了：我如果用后者，会不会威胁到我奋斗十几年才保住的地位？最后的结果是，他选择了那个刚出校门的研究生。最终，这家公司还是发生了帕金森现象。

看似这样的现象不可避免，却不是无法解决的。它可以是组织变坏的罪魁祸首，同时又可能变为可利用的资源。要想解决帕金森定律的症结，我们就必须把管理单位的用人权放在一个公正、公开、平等、科学、合理的用人制度上，不受人为因素的干扰。最值得注意的是，不可将用人权放在一个可能直接影响或触犯掌握用人权的人的手里。如此一来，问题才能得到解决。

◎ 取长补短，规避"帕金森"

我们先讲一个相反的故事，就是武大郎开店，他是"择矮而用"，当然不是取长补短。武大郎的烧饼店开张几日后，生意格外的好，实在让他们夫妻二人忙不过来，于是，武大郎就决定招两名伙计来帮忙。消息传出后，应聘者蜂拥而至，云集在武大郎的门前。可是，当大家看完招聘告示后，却都扫兴而去了。因为告示上的第一条就赫然写着："身高不得高于武大郎！"

这就是典型的帕金森定律起了作用，因为害怕比自己优秀，所以他宁可选择比自己平庸的人来做助手。毫无疑问，武大郎绝对算不上一个成功的企业家。因为成功的企业家对人才的选拔和重用，从来不会设置什么能力歧视性的条条框框。因为人都是有差异的个体，总会有自己擅长和不足的地方。寻找人才，要的就是对组织产生实质性的帮助，而不是来了无所事事，凭空添加一个领薪水的"废材"。只有把别人的优势结合起来，取长补短，利用他人的长处来为自己服务，才能得到事半功倍的效果。

可见，只有取长补短，并且在这个过程中拥有足够的自信和放权意识，我们才能规避"帕金森"症结。现代社会是一个分工协作的社会，每个人都必须认识到自己的不足，在投资理财的过程中悉心听取他人的意见，尤其是向那些为自己理财的投资顾问汲取长处，才能实现自己财富积累的目标。对组织而言，道理更是如此。

我们再举一个正面的例子：微软的创始人世界首富比尔·盖茨虽然是一个顶级的电脑奇才，但是他在理财的具体操作方面却是"技不如人"。但是，这并不能妨碍他的财富快速地膨胀，因为他非常善于利用别人的长处。在投资理财方面，他聘请了"金管家"——劳森来为自己具体管理打点。

在他聘请劳森做自己投资经理的同时，还做出了承诺：只要微软的股价保持上升，就允许劳森用更多的钱来进行其他的投资。这种高度的信任和放权的承诺，调动了劳森的积极性，他除了为盖茨设计了50亿美元的私人投资组合外，还成了盖茨捐资成立的两个基金会的投资管理人。这两个基金会的捐赠，是以将盖茨名下的微软股份过户给这两个基金会的方式来进行的，劳森的工作就是将这些股份以最好的价钱售出，并在适当的时候买进债券或其他的投资工具完成这一过程。

经过这位优秀“金管家”的悉心打理，这两个基金会的每年捐税额竟然超过了名列《财富》500家中的后几家公司的净收入。有盖茨这样的懂得取长补短管理之术的老板，微软公司最大限度地远离了帕金森定律的魔手。

重视人才和知人善任同样也是钢铁大王卡内基成功的首要秘诀。他说：“我的工作就是激发他们的信心，提供最佳服务愿望。”他把人才视为企业最宝贵的财富，他最经典的一句管理名言就是：“即使将我所有的工厂、设备、市场、资金全部夺去，只要留下我的成员，4年后我仍将是一个钢铁大王。”

这表明，卡内基深深地了解智囊团的重要性，所以他不仅与智囊团成员坦诚相见，推心置腹，还让他们得到自己应该得到的报酬和利益。这就是卡内基的智囊团的巨大的向心力和凝聚力的来源。比如说，美国钢铁公司的第一任总裁查尔斯·史考伯的年薪之所以会高达100万美元，用他自己的话说是因为他拥有跟别人相处的优秀本领。他还说：“我认为，我把员工鼓舞起来的能力，是我拥有的最大资产。”你看，不但卡内基自己会用人，他重用的得力助手，同时也是一位用人高手，这可比上节中讲到的那位“海归人才”强得多。

卡内基去世后，人们在他的墓碑上镌刻道：“这里安葬着一个人，他最擅长将那些强过自己的人组织到他管理的机构中为他工作。”这不仅是对卡内基一生的高度评价，更是给任何组织中的管理者一个深刻的启迪：想规避帕金森症结，就必须懂得重用真正的人才。

• 金玉良言 13 条 •

1. 把用人权放在一个公正、公开、平等、科学、合理的用人制度上，不受人为因素的干扰。

2. 用人权不能放在一个可能直接影响或触犯掌握用人权的人的手里。

3. 要具备敢于、善于使用强者的胆量和能力。

4. 给能力强的下属挑战性的工作，使他更加能干，并感激上司对他的信任和重用。

5. 下属比自己强大并不丢人，因为发现和培育人才是领导的重要职责。

6. 领导者可以不懂最新的科学技术，所谓“闻道有先后，术业有专攻”。

7. 即使再能干的上司，也要借助他人的智慧，所谓尺有所短，寸有所长。

8. 如果一个人真是各方面都比你强，也不要紧，因为他现在还是你的下属，还在为你所用。

9. 纳众言方能得人心，得人心方能得人智，得人智方能成大事。

10. 只有善于借用下属人员的智能，领导者才能织成美丽的锦裳。

11. 只有下属之中人才辈出，才能锦上添花。

12. 对能人第一是要用，第二是要管，第三是要养，这样就能涌现更多的能人。

13. 必须将事情简单化，包括决策的流程、内部的沟通流程、组织的层级等，才能远离“帕金森”。

第 6 章

彼得原理

◎镜子的扮演者

◎晋升的梯子是爬不完的

◎高处不胜寒

◎排队木偶与体系萧条

◎改善生活品质的彼得处方

◎最好的用人之道

◎ 镜子的扮演者

• 彼得原理的由来 •

该原理是由著名的管理学家劳伦斯·J. 彼得（Laurence J. Peter）所发现和总结出来的，作为管理学家同时也是一位了不起的幽默才子，他阅历丰富，博学多才，而且著述颇丰。根据对成千上万个组织中不能胜任的失败案例的分析，他归纳提出了彼得原理（The Peter Principle），其具体内容是：“在一个等级制度中，每个职工趋向于上升到他所不能胜任的地位。”

彼得因此指出，每一个员工由于在原有的职位上工作成绩表现好（胜任），就将被提升到更高一级的职位；其后，如果继续胜任则将进一步被提升，直至到达他所不能胜任的职位。由此，他导出的推论是：“每一个职位最终都将被一个不能胜任其工作的职工所占据。层级组织的工作任务多半是由尚未达到不胜任阶层的员工完成的。”

也就是说，每一个职工都将最终达到“高处不胜寒”的彼得高地，在该处，他的提升商数（PQ）为零，而且变得不胜任了。到这时，他其实就从一个原本优秀合格的人才，变成了组织的拖累。

至于一个人如何加速提升到这个高地，彼得认为有两种方法：其一，是上面的“拉动”，即依靠裙带关系和熟人等从上面往上拉，进行不胜任的提拔；其二，是自我的“推动”，即该员工的自我训练和进步等，开始是胜任的，最后也会变得不胜任。彼得认为，前者是被普遍采用的，真正有能力的提升少之又少，只占很小的比例。这是组织的特性，与能力无关，与组织结构和利益的结合体有关。

由于彼得原理的推出，使得彼得在不刻意研究的情况下，就创设了一门新的科学——层级组织学。该科学是解开所有阶层制度之谜的钥匙，因此也是了解人类社会整个文明结构的关键所在。就是说，凡是置身于商业、工业、政治、行政、军事、宗教、教育各界的每个人都和层级组织息息相关，也都会受到彼得原理的控制。

不过，该原理的假设条件是：时间足够长，在五层级组织里有足够的阶层。

同时，彼得原理被公认为同帕金森定律有一定的紧密联系。两者都用于解释组织内的“消极规律”，同时为我们提出了解决的方法，警醒人们努力提升组织效率和个人的能力。

在对层级组织的研究中，彼得还分析归纳出了“彼得反转原理”：一个员工的胜任与否，是由层级组织中的上司判定，而不是外界人士。如果上司已到达不胜任的阶层，他或许会以制度的价值来评判部属。比如，他会注重该员工是否遵守规范、仪式、表格之类的事；他将特别赞赏工作迅速、整洁有礼的员工。总之，类似的上司是以输入（input）来评断部属，而不是实际的创造力和工作价值。他关注的是程序价值，而这恰巧是浪费组织效率的元素。这是一种讽刺的现象。

于是，对那些把手段和目的关系弄反了、方法重于目标、文书作业重于预定的目的、缺乏独立判断的自主权、只是服从而不做决定的职业性机械行为的人来说，他们会被组织认为是能胜任的工作者，因此有资格获得晋升，一直升到必须做决策的职务时，组织才会发现他们已到达不胜任的阶层。可是站在消费者、客户或受害者的观点来看，他们本来就是不胜任的，却无力阻止这种提升的发生。

• 理论的发展 •

著名的社会理论家诺斯古德也曾仔细地观察并有趣地描述层级组织中冗员累积的现象，他假设，组织中的高级主管有时会采用分化和征服的策略，故意使组织效率降低，借以提升自己的权势，这种现象其实就是帕金森所说的“爬升金字塔”。不过，彼得认为这种理论的设计是有缺陷的，他给出的解释员工累增现象的原因是，层级组织的高级主管总是在真诚地追求效率（虽然这样做总是徒劳无功），却误解了效率到底是什么。

正如同彼得原理所显示的，许多或大多数的主管必然已经到达他们的不胜任阶层了。这些人无法改进现有的状况，因为所有的员工已经竭尽全力了，于是为了再增进效率，他们只好雇用更多的员工，陷入新的恶性循环，加重这种效率的缓慢。因为员工的增加或许可以使效率得到暂时的提升，但是这些新进的人员最后将因晋升过程而又到达了不胜任的阶层，于是唯一改善的方法就是再次增雇员工，再次获得暂时的高效率，然后是另一次的逐渐归于无效率。

结果是什么？组织中的人数大大地超过了工作的实际需要。

组织中总是有这样的可笑的事情，即便是一家普通的单位。

小赵在一家 IT 公司从事技术开发工作。由于他工作努力，肯钻研，为人和气又乐于助人，深受上司的赏识和同事的好评。小赵的性格非常适合他的岗位：可以试验各种创新，以工作为乐，与世无争。他在不久前被公司提拔为项目主管。小赵非常感激上司对自己的知遇之恩，决心以更好的业绩来回报上司。他更加埋头苦干，想更多的点子，下属有什么难处他总是一揽子全包了。但上任不久，他却发现自己困难重重：一是自己在从事技术工作之余，必须要以更大的精力来管理好这个项目小组，琐碎的事情让他忙得焦头烂额，根本无暇顾及更多技术上的事；二是工作进程很不顺利，经常要加班到很晚还不能按时完成进度，同事怨言很大；三是小组中资历比自己老的很多技术人员对自己不服气，自己又不好意思说什么。结果，上司、同事、自己都很不满意，他从优秀的技术专家变成了不称职的项目主管。

彼得原理非常精辟地讲出这个不胜任的过程，他的理论首次公开发表，是在 1960 年 9 月美国联邦当局出资的一次研究会上，听众是一群负责教育、研究计划，并且刚获晋升的项目主管。这是很有意思的一次会面，因为彼得认为他们中间的多数人“只是拼命地想复制一些老掉牙了的统计习题”，于是就引入了彼得原理，来说明他们正在面临的困境。

不出所料，他的演说召来了敌意与嘲笑，甚至有人笑得从椅子上掉了下来——他们以此来掩饰自己的尴尬。但是彼得仍然不为所动，他依然决定以独特的讽刺手法呈现彼得原理。 当时有一位著名的记者胡尔，对彼得原理十分感兴趣，他促使彼得把这一天才的思想写成了《彼得原理》这一部书籍。

该书最后定稿于 1965 年春，尽管所有的案例研究都经过精确编撰，且引用的资料也都符合事实，但《彼得原理》一书的出版却颇费周折，彼得博士一共收到 14 位不称职编辑的退稿信，总计有 16 家之多的出版社无情地拒绝了该书的手稿。我们可以想象，这些出版社的总编看到这本书是如何的恼羞成怒，因为这正像是为他们量身打造的一样。

于是彼得决定采用迂回法——在他的书中称为“彼得迂回法”以促成

出版。他和胡尔先生先后在报纸、杂志上撰文介绍彼得原理，读者的反响十分强烈，数月内，彼得收到了400多封读者来信，邀请他演讲和约稿的人也蜂拥而至。

他红了，在文章引起了轰动性的效应之后，终于有出版商找彼得商谈出版事宜了。该书于1969年2月出版后，渐渐登上非小说类畅销书排行榜的第一名，并一直占据着榜首位置，持续时间长达20周。这本书和他的理论终于走向世界，而且还成了许多大学的必读课程，并且成为许多研讨会争相讨论的主题。他的理论还促成了很多相当严肃的研究计划，来调查彼得原理的有效性究竟如何，结果每项研究都证实，彼得的观察是正确无误的，没有人能提出有说服力的用来反驳的证据。他对“彼得原理”的诠释，已经成为21世纪以来最具洞察力的社会、心理领域的创见。

◎ 晋升的梯子是爬不完的

这是彼得理论告诉我们的现实，晋升就像一把梯子，永远也爬不完。因为现代的层级组织制度，总是从下面来补充由晋升、辞职、退休、解雇和死亡带来的空缺。人们也一直把层级组织中的晋升看作是“攀登成功之梯”或“爬上权力之梯”。的确，梯子和层级组织有一些共同的特点。例如，同样都是让人向上爬的，而且年利越高，危险就越大。

为什么这么说呢？比如：

一个收入固定但是不高的人，他平时能够合理地掌握他的钱财。可一旦当他继承了一笔巨额财产之后，他的理财能力就会变得无法胜任。

在军队或者政府的层级组织中，一个称职的随从晋升为领导时，也会突然变得不称职。

称职的科学家当被提升为研究院院长时，也可能会变成一个不称职的管理者。

在《彼得原理》一书中，作者讲述了3个很典型的案例。

案例1：

米尼恩是艾克西尔市公共工程部的维修领班，他为人亲切和气，因而深获市政府高级官员的赏识和称赞。一名工程部的监工说："我喜欢米尼恩，因为他有判断力，又总是愉悦开朗的样子。"米尼恩的这种性格恰好适合他的职位：因为他不必做任何决策，自然也没有和上司的意见有分歧的必要。

后来那名监工退休了，米尼恩接替了监工的职务。和以前一样，他依然附和大家的意见，上司给他的每个建议，他不经选择就全部下达给领班，结果造成政策上的互相矛盾，计划也朝令夕改，不久整个部门的士气便大为低落，来自市长、其他官员、纳税人，以及工会工人的抱怨接二连三。

至于米尼恩，他依旧对每个人唯唯诺诺，仍旧在他的上司和部属之间来回传送信息。名义上他是一名监工，实际上他做的却是信差的工作；他所负责的维修部门则经常超出预算，而原定的工作计划也无法达成。简言之，米尼恩以前是一名称职的领班，现在却变成不能胜任的监工了。

案例2：

丁克在李斯汽车维修公司是一名热忱又聪明的学徒，不久他被聘为正式的机械师。在这个职位上他表现杰出，不但能诊察汽车的疑难毛病，还能不厌其烦地加以修复。于是他又被擢升为该维修厂的领班。然而，在担任领班之后，他原先对机械的热爱和追求完美的性格反而成为他的缺点。因为不管汽车厂的业务多么忙碌，他还是会承揽任何他觉得看起来有趣的工作；他总是说："我们总得把事情做好嘛！"而一旦工作起来，不到完全满意他绝不轻易罢手。

他事事干预，极少坐在他的位子上。他常常亲自动手修理拆卸下来的引擎，而让原本从事那件工作的人待站一旁，并让其他工人苦等地指派新的任务。结果汽车厂里总是堆着做不完的工作、总是显得一团糟，交货的时间也经常被延误。

丁克完全不了解，一般顾客并不在乎车子是否修得尽善尽美——他们只希望能如期取回车子。丁克也不明白，大部分工人对薪资比对引擎的兴趣还要浓厚。因此，丁克对他的顾客和部属都不能应付得宜。从前他是一位能干的机械师，现在却成为不胜任的领班了。

案例 3：

前任著名的高文将军（Generral A. Goodwin），他为人热诚、不拘小节，言谈爽快风趣，蔑视一切细琐规则，再加上过人的胆识，使他成为麾下士兵们的偶像，因而在领导手下打了许多场漂亮的胜仗。之后高文将军晋升为战地指挥官，他所面对的不再是普通的士兵，而换成是政客和军方的高级将领。

然而，高文将军既不遵守必要的交际礼仪，也无法适应传统的客套和谄媚。他经常和高官政要争吵，然后窝在指挥篷里一连好几天地酗酒、发脾气。于是，军队的指挥权就渐渐旁落到部属手中了。总之，高文将军也晋升到他无法胜任的职位了。

以上我们看到的各类晋升，他们之所以从胜任变得不胜任，从组织的活力分子变成了死气沉沉的组织的癌症，是因为它需要被提升者具备他以前所在职位所不需要的新能力。但是世间的天才实在太少了，而提升能力的过程又是如此艰辛，不是所有的人都愿意始终保持谦虚好学的状态——尤其当他们越爬越高的时候。

例如说，一位一向负责质量工作的雇员，他可能会被提升到一个他比较胜任的督监之职。然后，他或许还可能升任管理方面的领导，虽然干起来有点吃力，但是他这时努力工作，如果层级组织的其他条件有利的话，他还可能达到一种不称职状态——做个部门经理，这可能就是他所能爬上的最高一层阶梯了。这时情况还不是最糟糕的，虽然他需要花费大量的时间去做日常工作。可如果有一群称职能干的下属的支持和帮助，他还可以勉强完成工作。

“危险”还在继续，因为他看起来还算称职，加上已经是领导者的威望以及积累的人脉，他也许会进一步得到晋升，即升任组织内部的总经理——他现在已经达到了最大的不称职状态。因为作为一名总经理，和当初的质量管理工作已经相差太远，远不是一个领域内的问题。他现在的主要责任已经不是质量控制，而是制定与公司目标和政策紧密相关的宏观决策，从负责质量工作到应付长远的目标和更抽象的观念，他越来越感到力所难及（特别是在根本没有时间充分学习的情况下），不仅给公司带来损失，而且给他个人也造成了很大的伤害。

当然，有些人具有无比宽阔的心胸和淡泊名利的心态，他们如果很理智地观察到了这种事实，就可能会决定退出这种激烈竞争，让自己开始一种全新的、更有价值的生活。但大部分人并不是如此——品德高尚的人实在太少了，大部分人渴望权力，也希望保住到手的权力。即便自己不胜任，他也会死死地守住既得利益不想放手。于是，当彼得原理起作用之后，帕金森症结也开始体现了——他通过为自己寻找助手或盟友来分担工作，让组织变得效率更差。

大部分人对这个循环往复的过程乐此不疲。

◎ 高处不胜寒

位置越高越好吗？在一个团队或组织内，人们总是以为爬得越高就代表越好，可是环顾四周，我们可以看到，高处并不胜寒，并不是位置越高就越好，因为在盲目往上爬的过程中，掉下来牺牲的人比比皆是。

为了分析这个过程，我们可以把员工分成三级，即：胜任、适度胜任和完全不胜任。

举例来说，奥克曼是莱姆汽修公司的一位杰出技师，他对目前的职位相当满意，因为他不需要做太多的方案工作。因此，当公司有意调升他做行政工作时，他开始时头脑清楚，很想予以回绝。可他的太太不乐意。奥克曼的太太艾玛是当地妇女协进会的活跃会员，她鼓励先生应该接受升迁的机会。如果奥克曼升官了，全家的社会地位和经济能力也会各晋一级的。这是现实的好处，如此一来，她就可以凭此资本出马竞选妇女协进会的主席，也有能力换一部新车、添购新的服装，以及用丈夫增加的薪水为儿子买一辆迷你摩托车了。

奥克曼陷入两难境地，他并不情愿用目前的非常适合自己的工作，去换取办公室里枯燥乏味的工作，何况那还是自己完全陌生的领域。但在太太的劝服与唠叨之下，他终于屈服了。这没办法，生活就是充满无奈，每个人都很难独立做出决定，总是受到客观因素的影响。在升任 6 个月之后，工作不顺心的奥克曼得了胃溃疡，医生告诫他必须滴酒不沾。在健康受到损害的同时，太太艾玛也开始指责他和新来的秘书有染，并且把自己失去妇女协进会主席头衔的责任全部推到他的身上。

因为不胜任，奥克曼的工作时间冗长不堪，但他却毫无成就感，因此下班回家后就脾气暴躁。生活陷入了一种极为糟糕的状态，由于彼此不停地指责和争吵，奥克曼夫妇的婚姻彻底失败了，很快办理了离婚手续。

我们还可以举一个相反的例子：哈里斯是奥克曼的同事，他也是莱姆公司的优秀技师，而且老板也打算提升他。哈里斯的太太莉莎与艾玛不同，她非常了解先生很喜欢目前的工作，他一定不愿意花更多的时间坐在办公室，担负更多自己无法承担的责任。莉莎没有强迫哈里斯去做一份他不喜欢的工作。因此哈里斯得以继续当一名技师，将胃溃疡留给了奥克曼独享。

另一方面，由于工作顺心轻松，哈里斯一直保持着开朗的个性，在社区里是一个广受欢迎的人物，工作之余他还担任着社区内一个青年团体的领袖。邻居的车如果需要修理，一定会都送到莱姆公司，以回报哈里斯平时对公益事业的热心。哈里斯的老板由此知道他是公司不可或缺的宝贵资产，所以为他提供了优厚的红利、稳定的工作和一切制度内允许的薪水加级。

好事继续发生，哈里斯买了一辆新车，为莉莎添购了新的最时尚的服装，也为儿子买了一辆自行车和一副棒球手套。他们一家过着舒适美满的家庭生活，他们夫妇幸福的婚姻令亲朋好友非常羡慕。他们在邻里间享有的美誉正是奥克曼太太梦寐以求的理想，但是自己却没有实现。

我们还可以举出无数的例子，来证明“胜任”和“不胜任”导致的完全相反的两种生活。这不仅会对个人的生活、前途造成影响，同时也会对组织构成巨大的正面或反面的推动力。因为如果一个人的能力很强，他就会对组织产生更大的贡献，杰出的表现又获得升迁的机会，这样他就会从原来胜任的层级晋升到自己无法胜任的层级。可当他不胜任时，不仅自己在高位冻得要死，组织的效率也被牺牲掉了。

这是彼得告诉我们的现实：世界上的每一种工作，都会碰到无法胜任的人。这个事实没有人可以改变。只要给予他充分的时间与升迁机会，这个能力不足的人一定会被调到一个不胜任的职务上，他会在这个位子上原地踏步，把工作搞得一塌糊涂。最后，他的表现不仅会打击和消磨同事的士气，让本来想大展宏图的新人在这里意志全无，成为混日子的老油条，而且严重妨害整个组织的效率。更为重要的是，他自己也会掉进一个自寻烦恼的陷阱，而且陷在里面无法自拔，工作和生活完全变了味道。

◎ 排队木偶与体系萧条

在每一个新兴的层级体系，人们刚开始时都会颇有一番作为的，但是最后却不免都会变成暮气沉沉的官僚机构。无论是个人还是组织，都是如此。就是说，每一个机构或个人，在他们步入自己的穷途末路之前，都可能曾经有一段黄金岁月。但是如果自己不具备抑制野心的能力，在曾经辉煌一时之后，都会变得萧条和失意。

过程是这样的：当一个体系处于新兴阶段时，因为成长迅速、朝气蓬勃、创意不断，所以会表现出高度的效率，新兴机构的机动灵活性使员工的才智也得以动用到适当的地方。在这期间，每一位员工的工作表现，都会对各自职位的业绩有所贡献。这时大家的贡献都是非常积极的，状态也处于一种集体胜任的模式中。

我们可以将目标定位在个体的员工身上，如果一名员工的能力一直很强，那么他的业绩也会持续地成长，不断地得到晋升。同时其他的员工大部分也是如此，体系中大部分的职位均在保持良好的业绩，整个体系的业绩非常稳定地升高。我们知道，这是大多数的公司早期的发展状况，一般而言，发展迅速的企业都会有这样一个阶段：在公司得到巨大回报的同时，员工本身也都得到了与付出相得益彰的回报。

当体系逐渐地成熟和庞大时，彼得原理提到的症状便陆续出现了。官僚习气（裙带关系）开始变得浓厚，限制了优秀员工的表现，却保证了无能的员工登上更高一级的职位。每一名无能员工都会对工作带来负面消极的影响，一群无能员工便会使工作呈现一种混乱和效率低下的状态。过不了多久，整个体系就会步入萧条期，彼得称这种现象为“体系的萧条”。这就使得适应环境、发挥才智及选择的自由的人性，在体系中越来越难以得到彰显。

随后会发生什么呢？员工成为排队的木偶，深受所属层级体系的限制与操纵，而其行动完全受到外力的控制，被一条无形的线紧紧牵住，不管是在特定的组织，还是人类社会中，这个现象都深刻地存在。他们会经过生存、打卡、填表和执行无意义的仪式等阶段，并且形成一股庞大的社会势力。在他们中间，包括高阶管理者、普通人、沉默的大众、多数人、一般人或是大量的消费者。

排队木偶的特点是什么？

第一，他们是功能性的人，对工作的内涵漠不关心，却对发明更新、更好的官僚程序极度热衷。他们致力于研究行使职务的方法，而非发挥职务的实质内涵——对真正价值的创造和对理想的努力。

第二，他们非常注重个人归属感。从较广的层面来看，他们会对自己的国籍、宗教或隶属于大多数人的优秀团体而骄傲不已。

当他们的地位获得提升时，他们就必须被迫面对一个痛苦的抉择——是做一个有所作为的木偶，还是做一个不胜任的可怜虫。遗憾的是，大部分人都会选择后者，根本不想跳出这个圈子，重新审视自己的价值。他们深受其害，被无处不在的彼得原理说中，即使明知这一点，却也不会针对问题提出有效的解决方案，因为任何对策都会牵涉到责任和他要付出的代价——失去到手的权力。

也就是说，大部分人都走不出层级组织的困境，他们均是被无意的人们推动着盲目向前。你推着我，同时我也推着你，就像加谬的小说《局外人》所体现的那样：每个人都是凶手，又都是受害者。

彼得由此说："组织变成了庸人们的天堂。"当许多人变成了"排队木偶"之后，他们丝毫没有危机意识，继续沉溺于排队的行为模式。不管是在教育界、法律界、产业界或者政府部门等，大多数人都在崇尚平庸，个人贡献不复存在，平庸成为流行的时尚，进而成为一种典范作风。

也会有人希望发动一些改革，因为他们看到了严重的症结所在，但当这些忧心忡忡的人大声疾呼，倡导变革时，沉默的大众并不领情，组织内的大多数人会立即站在他的对立面。即使这个人是想拯救他们，让他们重新焕发真正的活力，他们也不会说他一句好话。彼得认为，这是彼得原理之下的大众的跟从癖：因为每个人都由胜任开始变得"希望不胜任"，从而去占据有利的位置，哪怕高处不胜寒，也要站到那里去，得到现实的实惠和好处。

在庸人的天堂中，一切都崇尚大众化、通俗化，这个风气使整个社会口味低落，产品的品质也不再精良。行政组织内的各个部门，都有了自我膨胀、敷衍了事的趋势，组织内的法则、规定和条例不但钳制了个人行动，也严重侵犯了个人生活。对个人来说，他被排山倒海般的势力压迫着（包括他自己），内心残存的真实感情无法忠实地表达。剥夺个性的机械化工作方式，会使他进一步丧失自我。最后，他只有公式化地扮演好"排队木偶"的角色，才能从中得到满足感。他们被有系统地剥夺了想象力、创造力、天赋、梦想和个人特色。

于是，作为个人来讲，不管是员工还是官员，他们都开始感染一种病态心理，安全感越来越依赖法则、规定、惯例和有关他职务的记录。渐渐地，他便显露出无知、刻板甚至恶毒的组织偏执狂症状。他极度地重视组织内部的结构、程序与形式，对工作表现或公共服务的品质与效率反而漠不关心，对个人的能力提升更是嗤之以鼻，不屑一顾。他对自己的“不胜任”是麻木的，一点也不引以为耻。

最后形成的局面就是：只扫个人门前雪，莫管他人瓦上霜。他只想管好他自己，保住既得利益，对团队利益视而不见，袖手旁观。

很显然，如果不加以限制，跟从癖的泛滥最终将腐蚀整个组织结构，形成一种万马齐喑的局面。对个人的伤害更是致命的，我们不但会变成庸人，还会因为这种不想改变的心态，让这一生都陷在组织的萧条体系中，成为终生的木偶。

解决的办法只有一个：始终保持积极的进取精神，充分发挥自己的潜能，从创意、自信、才干中获得满足。如此，才可以把自己从不称职中解救出来，而且还可以扭转正在逐步升级的体系萧条的现象。但是这种人实在太少了。

◎ 改善生活品质的彼得处方

彼得针对这些现象，提出他自己的处方，为人们制定了65则改善生活品质的秘诀。他认为，我们完全可以透过自我表现，发挥自己最大的潜能，不断向前追求更美好的生活，而非向上攀缘、爬到无法胜任的职位。

1. 彼得热身运动——重振活力在于运动，保持体育锻炼好处多多。

2. 彼得静心术——每天度一个心灵的假期。

3. 彼得全面检视原则——列出你最喜爱的活动，然后有选择地实施。

4. 彼得洁净计划——清除过去生活所造成的阴影，尽快忘掉不愉快的过去。

5. 彼得追求法——做自己心目中的英雄，对自己高标准要求。

6. 彼得骄傲感——时时犒赏自己，当自己取得进步时。

7. 彼得实用主义——经常为他人服务，树立服务意识。

8. 彼得座右铭——再度肯定自己，记得为自己加油。

9. 彼得档案法——回溯个人历史，经常总结得失。

10. 彼得探寻法——检查让你满足现状的原因，确认自己是否有所欠缺。

11. 彼得延伸法——了解在你之上职位的压力和报酬，对不胜任的职位保持距离，降低野心。

12. 彼得释放法——免于不相关势力的影响，尽量不同流合污。

13. 彼得波尔卡舞曲——跨越障碍是成功的第一步，敢于挑战困难。

14. 彼得人格面貌——描绘一个理想的自己，不让理想在内心流失。

15. 彼得专精法——将注意力集中于自己熟练的领域，只做自己熟悉的事。

16. 彼得优先法——选择持久的乐趣，兴趣是保持活力的基础。

17. 彼得潜力法——找寻实际可行的替代方案，为自己备好第二方案。

18. 彼得先知法——预知自己的能力范围，不做组织内的无知之人。

19. 彼得预测法——做事情前预测后果，对于代价心知肚明。

20. 彼得可能法——可能的话，尝试转业，不要在一棵树上吊死。

21. 彼得收容所——拒绝“升迁”，培养拒绝不恰当诱惑的勇气。

22. 彼得短剧法——如果上司逼你接受一个你兴趣缺乏的职位，你就假装能力不足，拒绝需要技巧。

23. 彼得回避法——不要对“楼上的人”太认真，有时需要难得糊涂。

24. 彼得巧言法——用言语去澄清而非混淆观念，明确表达信息。

25. 彼得预想法——认清目标，忘记目标是最大的错误。

26. 彼得议案法——建立衡量成就的标准，应该知道自己走到了哪一步。

27. 彼得讨论会——让员工参与制定目标的过程，将团队目标与个人理想结合。

28. 彼得政策法——使团体目标与个人目标兼容，共同目标塑造团队精神。

29. 彼得定位法——从需求而非形式角度理解目标，目标要有实质内涵。

30. 彼得实用性——订立可行的目标，无法实现的目标会打击信心。

31. 彼得目标表达法——将目标诉诸言语和行动，只说不做等于零。

32. 彼得参与法——让他人参与建立阶段性目标的过程，没必要自己全部承担。

33. 彼得精确法——用明确、看得见或测得到的方式表达目标的具体内涵，任何一个环节都应清晰无误。

34. 彼得和平原则——和善地待人处事，远离钩心斗角。

35. 彼得处理法——决策过程中运用理性，激情只有痛快一时，却贻害长远。

36. 彼得时效法——当机立断、及时行动，犹豫是组织的大忌。

37. 彼得平衡法——要在恐惧与急躁中取得平衡，时刻保持理性。

38. 彼得精简法——以解决问题作为决策导向，而不是“每个人都有事干”。

39. 彼得分离法——将解决问题作为决策导向，问题和过程不能混为一谈。

40. 彼得承诺原理——当心做出一个没有人赞同的决定，考虑众人利益。

41. 彼得效力法——勇于行动，行动才能解决问题。

42. 彼得或然率——科学方法与预言的天赋，都只能概略描绘出来事物的轮廓，做任何事情都存在概率问题。

43. 彼得明确法——在选择或提升人选之前，先认清工作性质，确认是否胜任。

44. 彼得证明法——购买前先试用，以免支出无效成本。

45. 彼得预演法——暗中进行考验，晋升前的演习和确认。

46. 彼得戏剧法——仿真未来的状况，走一步看三步。

47. 彼得请愿法——尝试临时的实验性升职，避免一步到位，没有退路。

48. 彼得宣导法——培养新的胜任人选，准备替代者，加强竞争。

49. 彼得理解法——用第三只耳朵倾听，心的理解很重要。

50. 彼得教学法——强化孩子所有合乎人道的行为，完善人格比灌输知识重要。

51. 彼得配对法——将有效的强化因子和预期产生的强化因子配对出现。

52. 彼得薪资法——只要表现优异就能获得薪资，一分付出一分收获。

53. 彼得升迁法——当升迁的人选足以胜任新职位时，他才会将升迁视为一种报酬。

54. 彼得地位法——有系统地提高优秀员工所在职务的地位，以资鼓励。

55. 彼得效率法——鼓励员工视效率为报酬之依据，没有效率就没有报酬。

56. 彼得赏罚法——依表现的优劣，赏罚分明，赏罚一定要公平。

57. 彼得利润法——让所有员工共同分享利润，使员工成为和谐一致的团队，让组织利益与员工利益挂钩。

58. 彼得保护法——福利应该能为员工提供实质的安全感及有意义的享受。

59. 彼得美食铺——让每名员工有权选择他或她想得到的报酬，尊重每个人的选择。

60. 彼得目的法——若想鼓励和强化员工的表现，就明确地告诉他们工作的目标，并提供足以回报他们贡献的奖励机制。

61. 彼得参与法——奖励团体的表现，鼓励员工对团队的参与意识。

62. 彼得授权法——为有能力者提供发挥创意的机会，有能力就要给机会。

63. 彼得赞美法——传达你对员工杰出表现的称赞，称赞能激励员工的斗志。

64. 彼得声望法——和各阶层的优秀员工沟通，沟通能确立声望。

65. 彼得趋近法——透过强化的手段，不断使一个人趋近理想的目标，可以改造一个人的行为。

◎ 最好的用人之道

一个重要的问题是，组织要想避免陷入彼得症结，受彼得原理的困扰，用人是相当重要的，尤其对管理者来说，怎样提拔员工就显得特别关键。一旦组织中的相当部分人员被推到了其不称职的级别，肯定会造成人浮于事，效率低下，导致平庸者出人头地，优秀者没有机会，整个组织的发展陷入停滞。因此，这就要求我们改变单纯的“根据贡献决定晋升”的员工晋升机制，不能因为某一个人在某一个岗位级别上干得很出色，就据此推断他一定能够胜任更高一级的职务。要客观地评价每一位员工的能力和水平，将他们安排到其可以胜任的岗位。

这里需要注意的是：我们不要把升职当成对员工的主要奖励方式，应该建立更有效的奖励机制。

比如，管理者可以更多地以加薪和休假等方式作为对下属的奖励手段。要知道，有时你将一名员工晋升到一个他无法很好发挥才能的岗位，不仅不是对他的奖励，反而会使他无法很好地发挥才能，也给公司带来了不可估量的损失。等你发现损失时，再想调整，难度是可想而知的，一是会让该下属觉得尴尬，二是对你的管理权威也是一种损害。

对个人来说，虽然每个人都是期待不停升职的，但是也不要将往上爬作为自己工作的唯一动力。“高处不胜寒”，站在高处，不仅能看到更多的风景，同时也意味着更大的风险，搞不好就让风给吹下去，你能保证自己可以站稳吗？与其在一个无法完全胜任的岗位勉强支撑、无所适从，我们还不如找一个自己能游刃有余的位置，从容地发挥自己的专长。

在一个组织内部，简单来说存在两种人：

第一类，他们能够胜任现在的工作，但是基本上已经定型，不具备自我提升的素质。这类人永远只能做好现职工作，再向上升一级就是错误。

第二类，他们不但能够胜任现在的工作，同时也具备自我学习、自我总结和自我提高的素质与能力，能够不断提高自己的能力，从而胜任所有的职位，这类人是可以提升的。

由此可见，最好的用人之道可以简单地概括为：致力于发现并且培养第二种人。也就是寻找人才的胜任素质。

胜任素质的应用，起源于 21 世纪 50 年代初的美国外事局、国务院选拔外交官一事。当时美国国务院感到以智力因素为基础选拔外交官的效果不理想，许多表面上很优秀的人才在实际工作中的表现却令人非常失望，其原因在于传统能力测验的预测效率低会导致不公平。于是，哈佛大学的麦克里兰博士应邀帮助美国外事局设计一种能够有效地预测实际工作业绩的人员选拔方法。在项目进行过程中，他应用了奠定胜任素质方法基础的一些关键性的理论和技术，通过对工作表现优秀与一般的外交官的具体行为特征的比较分析，识别能够真正区分工作业绩的个人条件。

通过一系列行为事件的访谈，麦克里兰发现了3种核心的胜任力，也就是胜任素质：

1. 跨文化的人际敏感性；

2. 对他人的积极期望；

3. 快速进入当地政治网络。

于是，他在1973年发表了一篇文章，对此进行了总结，标志着胜任素质运动的开端，此后，这个概念就在企业界和组织的人才提拔中得到了广泛的应用。

彼得原理从反例出发，最终的目的就是告诫我们，在确定一个人是否具备胜任素质之前，不要轻易地进行选拔和提拔，重要的是确定他是否可以长期承担组织赋予的责任。在我们准备将一个人放到更高的职位之前，管理者首先要清楚，提升不是奖励，而是将一名员工从前任职位调到需要负责更多职能、担负更大责任的职位上去。考量的第一位应该是贡献，而不是对该员工的回报！如果这名员工不胜任的话，会产生另外一种后遗症，就是不胜任的领导可能反而会阻塞了可能的胜任者提升的途径，其危害之大是很严重的。到时候，管理者的提拔初衷不仅得不到体现，反而给公司带来更多的问题。

在我们寻找可胜任的人才时，第一个前提，首先是领导者自身的胜任问题。

就拿韩信来说吧，他在项羽那里不是一个好士兵，被鄙视，还差点掉脑袋，但在刘邦手下却是个带兵“多多益善”、旷世难遇的帅才，成就一番霸业，裂土封王。那么问题就来了，什么是人才？怎样找到人才？这就对组织中的领导者的素质提出了高标准的要求。能不能找到可胜任的人才，全看用人者的本领。

有一次，惠子得到几个超大的葫芦，认为肯定做不成盛水的器物，“大而无当”，是无用的。但是庄子却说：看来你只会用小，不会用大，你只知道把水装在里面，却不知道将水装在外面。庄子的话，就是指明了这个道理，很多时候不是人才本身的问题，而是组织中的领导不胜任，他没有发现人才的慧眼。

宋代一位有名的宰相王旦，他提拔了很多人，可是他当面总是教训人，跟那些人过不去，一点没有亲近感。一直等他死了以后，那些被他提拔过的人才知道，原来自己曾经被他提拔过。当时另一位名人范仲淹就曾经问他，为什么你提拔官吏却不让对方知道？王旦回答说，我提拔官吏只是为国家遴选人才，何必让被提拔的官吏来感谢我？

这样的管理者，就堪称站在了彼得原理的规束之外，他没有被私欲控制内心，因此也就不会用心良苦地用提拔人才的权力，去搭建自己的关系网。总而言之，一句话，管理者没有宽容的胸怀，成就不了大事。

怎样看一个人是否能胜任？如何尽最大的努力避免彼得症状的发生？中国古人的智慧其实早就能够帮我们破解定律的困惑。诸葛亮就提出了一套非常实用的组织用人方略。他主张管理者要在稳定的情绪中考查别人，让其干事，考查其人。他的“识人七法”，就是面对面的直查人才的“志、变、识、勇、性、廉、信”。主要内容就是：问之以是非而观其志、穷之以辞辩而观其变、咨之以计谋而观其识、告之以危难而观其勇、醉之以酒而观其性、临之以利而观其廉、期之以事而观其信。通过这 7 种要素的考查，来判断一个人是否能够胜任组织交给他的任务。

在现在的组织内，管理者对下属，在不清楚对方内心所想的情况下，有时试探法也是一种非常有效的识别手段。

比如某公司，他们在面试时，就喜欢用吃苦试探来考查求职者的工作心态，他们会对求职者说："你进入公司后，会被派往西部工作，条件比较艰苦，而且会有长达两年的时间跟家人无法见面，你能接受吗？"然后就观察求职者的反应。很多求职者因此被吓跑了，只有那些毫不犹豫点头表示可以接受的，才顺利地通过了面试。

在与我聊天时，该公司的老板就直言说："我们根本不会让员工一进公司就去做这种不人道的工作，这只是一种试探。通过这种办法，我们就能发现面前这个急于找一份工作的人，是否做好了足够的付出的心理准备。"

显然，很多人的反应是害怕吃苦，这就表明他们不值得信赖。因为一个组织（公司或部门）总会有遇到危机的时候，那时就需要员工付出更多，可能要做一些超出常规的努力来挽救公司。不愿吃苦的人，届时就会抛弃公司，这是老板们不愿看到的。

还有一家公司，为了试探员工的忠诚，想了一个损招。他们雇用猎头公司，给本公司的优秀人才打电话，许诺优厚的待遇，挖他们去别的公司，并向他们询问本公司的优缺点。那些轻易动心的人，就成了老板眼中的"背叛分子"；那些对猎头公司说本公司坏话的人，从此也再难得到公司的信任了。

忠诚度，往往就是在这种情况下被试探出来的。精明的老板们知道，下属在自己面前善于隐藏和伪装，谁也不想让老板知道自己心里怎么想的，但是第三方的试探，却往往可以触摸到他们最真实的内心，看到他们心灵中的品质，来确认他们是否值得组织信赖。

最后，我们的总结和建议是：

第一，我们对于人才提升的标准应该更重视潜力而不仅仅是绩效。我们应当以能否胜任未来的岗位要求为标准，而非仅仅在现在的岗位上是否出色。

第二，能上能下决不能只是说说而已，我们要在组织中真正形成这样的良性机制。通过这种机制，去找到每个人最胜任的角色，然后挖掘出他们的最大潜力，做到“人尽其才”。

第三，使用临时性提拔或考察期的做法，观察他的能力和表现，慎重地考查一个人能否胜任更高的职位，以尽量避免不胜任带来的负面影响。比如，可以设立经理助理的职位，赋予他更大的职责进行“尝试性考查”，胜任则进，不胜任则退，管理者处理的空间比较大。

第 7 章

羊群效应

◎盲从的羔羊现象

◎常见的羊群效应

◎个人选择的理性与集体行为的非理性

◎克服羊群效应，你就是领袖

◎ 盲从的羔羊现象

羊群效应是我们很熟悉的一种社会性定律，它是指人们经常受到多数人（或特定人物）的影响，而去跟从大众（或精英）的思想或行为，并不加以分辨的盲从，也被称为“从众效应”。具体的指向是，人们会追随大众所同意的，但自己并不会去思考事件的意义的事情。

通俗地讲，这就是人云亦云，做事和想问题都随大流；既然大家都这么认为，那我也就这么认为；大家如果都这么做，我也就跟着这么做，反正就算做错了，也是大家一起错，一起倒霉。在本质上，羊群效应具有两重性：一方面，它会抑制我们个性和创造力的发展，束缚人的思维，扼杀人的主观思考和判断力，使一个人变得没有主见和墨守成规，个体思想被众体的思想所绑架；但在另一方面，羊群效应其实也有积极的作用，因为它有助于一个人去学习他人的智慧经验，扩大自己的视野，克服固执己见和盲目自信，修正自己错误或冒险的思维方式，减少不必要的错误和代价。

对于羊群，我们当然很清楚，在草原上，羊群是一种比较散乱的组织，它们平时在一起，也是有些盲目地左冲右撞，没有固定的方向，漫无目的地吃草和行走。但是一旦有一只领头羊行动起来，向某一个方向走去了，其他的羊也会不假思索地一哄而上，紧紧地跟在后面，全然不顾前面可能有狼突然冲出来，或者相反的方向可能有更好的草。领头羊往哪里走，后面的羊就跟着往哪里走。这种现象用来比喻人，就是说明大部分人都有一种从众的心理，从众心理很容易导致盲从，而盲从则往往会让人陷入骗局或者遭到注定的失败。

比如有这样一个故事，说的是一个人在街上闲逛，忽然看见一条长队绵延如龙，都挤在那儿，他赶紧站到队伍后面排队，唯恐错过了什么购买紧缺必需品的机会。可等到队伍拐过墙角，他才发现大家原来是排队上厕所，才不禁哑然失笑，自觉贻笑大方，赶紧悄然地退出了队伍。在这个过程中，他就变成了一只没有独立思考和只知盲从的“羊”了。

每个人在生活和工作中，都难以完全避免和杜绝这样的行为，像我们在单位，听到某个人在那儿窃窃私语：“李部长要调走了，不担任我们的领导了，因为他犯了错误。”于是听到的人几乎大部分都不加分辨地受到影响，见到李部长走过来，对他的热乎劲儿也就不如以前了。李部长就会惊讶地发现，今天拍他马屁的人少了，对他媚笑的人少了，主动找他谈心的人也不见了，也没人挤破了头想请他吃饭了。

但如果第二天早晨，当人们发现这个传闻只是一种谣言时，一切又都会恢复原状，那些围着李部长转的人又都跑了回来，马屁和媚笑多了，他的办公室又挤满了人。造成这两种截然相反的集体行为的诱因，只不过是一个小小的传闻，而跟在后面信以为真的人，在这个过程中出现了集体性的思考迷失，这是羊群效应的典型特征。

在经济学中，经常用“羊群效应”来描述经济个体的从众跟风心理，比如股市。这个说法，最早出现在股票投资中，是一个专门的术语，主要是指投资者在交易过程中大量地存在学习与模仿的现象，也就是“有样学样”，盲目地效仿别人，股民之间互相有依赖心理，从而导致他们在某段时期内买卖相同的股票，均把发财的希望寄托在别人的判断上，既是一种不自信的表现，又是缺乏判断力的心理在起作用，结果就是盲从。

对此，法布尔用松毛虫做了试验，验证了盲从心理的存在。他把若干松毛虫放在一只花盆的边缘，使其首尾相接成一圈，在花盆的不远处，又撒了一些松毛虫喜欢吃的松叶，松毛虫开始一个跟一个绕着花盆一圈又一圈地走。这一走就是七天七夜，饥饿劳累的松毛虫尽数死去。而可悲的是，只要其中任何一只稍微改变路线就能吃到不远处的松叶。另外，也有人用羊群再次做了科学验证：他们在一群羊的前面横放一根木棍，把羊驱赶过来。只要第一只羊跳了过去，第二只、第三只也会跟着跳过去；这时，人们把那根棍子撤走，后面的羊走到这里时，竟然仍然像前面的羊一样，会不自觉地向上跳一下，尽管那根拦路的棍子已经不在了。

在管理学和经济学界，它也用来解释一些企业的市场行为。由于信息的不充分和缺乏对信息的了解，许多投资者很难对市场未来的不确定性做出合理的预期，往往是通过观察周围人群的行为而提取信息，于是在这种信息的不断传递中，许多人的信息将大致相同且彼此强化，从而产生了大量的从众行为，就连很多企业也难以避免。这个效应一般出现在竞争非常激烈的行业，而且这个行业上会有一个领先者（领头羊）占据了主要的注意力，那么整个羊群就会不断模仿这个领头羊的一举一动，领头羊到哪里去“吃草”，其他的羊也去哪里“淘金”。从行为心理学上讲，这是由个人的理性行为导致的集体的非理性行为的一种非线性机制。

有一则这样的幽默故事：

一位石油大亨到天堂去参加会议，他一进会议室，发现已经座无虚席了，没有地方落座。怎么办呢？于是他灵机一动，喊了一声：“地狱里发现石油了！”这一喊不要紧，天堂里的石油大亨们纷纷向地狱跑去，跑得比兔子还快，根本不加思考。很快天堂里就只剩下那位后来者了。这时，这位大亨心想，大家都跑了过去，莫非地狱里真的发现石油了？于是，他也急匆匆地向地狱跑去。

当然，我们要知道，任何存在的东西总有其合理性，即便是体现盲从特质的羊群效应，也并不见得就全然一无是处。因为这是自然界的优选法则，在信息不对称和预期不确定的条件下，看别人怎么做然后自己再跟着做选择，确实是风险比较低的一种方法。羊群效应可以产生示范学习和聚集协同的作用，这对弱势群体的保护和成长是很有帮助的。

我们的总结就是：对于他人的信息不可全信，也不可不信，凡事都要有自己的判断，出奇当然能够制胜，但跟随者也有后发的优势，并不能一概而论。

◎ 常见的羊群效应

• 生活中的羊群效应 •

生活中，人们常说的一句话是："群众的眼睛是雪亮的。"事实真的如此吗？比如抢盐事件，一个人因为恐慌日本核危机，赶紧去囤盐，其他人尽管对此有所怀疑，也忙不迭地跟着去抢购，结果大家都跑到超市去买盐，形成了一种全国性的风潮。可最后证明大家都错了，群众的眼睛不但没有雪亮，反而比较愚昧。

这就像是有一个人白天在大街上跑，大家看到后，也都跟着跑。除了第一个人，大家都不知道奔跑的理由。生活中人们总是有一种从众心理，由此而产生的盲从现象，值得我们去警惕和反思。

很多时候，我们不得不放弃自己的个性去“随大流”，因为我们每个人不可能对任何事情都了解得一清二楚，对于那些不太了解，没把握的事情，往往“随大流”。在这个过程中，持某种意见的人数的多少，其实是影响人们是否从众的最重要的一个因素，因为很少有人能够在众口一词的情况下，还会坚持自己的不同意见——除非他特别聪明，判断力极强，而且性格极为冷静。另外，压力也是另一个决定羊群效应是否发生的因素。比如在一个团体内，谁如果做出与众不同的行为，往往会招致“背叛”的嫌疑，会被孤立，甚至受到惩罚，因而团体内成员的行为往往高度一致。有时，哪怕大家都知道这种行为是错误的，也会因为不想受到指责，而选择跟在后面去盲从。

我们打个比方来说：有一个老师，他在给学生上课的过程中，突然说去隔壁储藏室的阁楼上拿点东西，刚出去不久，就听到他从高处跌落的声音，这个时候，学生的反应会是怎样呢？事情的结果就是，学生的反应是要随着学生人数的多少而不同的。如果是满满一屋子学生的时候，自始至终，很可能没有一个学生站起来出去看看；如果当有三四个学生，大家会你看我，我看你，犹豫一会儿后，最后总有一个学生坚持不住起身去看看到底出了什么问题；而如果教室里只有一个学生的时候，他绝对想也不想，立即起身冲出去帮忙了。什么是羊群的表现呢？这就是一个很好的诠释，当他只有一个人时，做出判断会很迅速，但当一群人在一起时，却都依赖于他人替自己的大脑做主。

再比如，当我们发现有人当街昏迷倒地的时候、有人突然落水的时候、有人被掏钱包的时候，你会发现羊群效应体现得更加明显，因为周围可能有很多人，也可能会有越聚越多的人，但是最后很可能出现的结果却是，连一个能够出手相助的人都没有，除非有人主动跳出来，带领大家去救人。

否则，大家都会“间歇性”失明，甚至也不能说是“失明”，而是更加过分地沦为了“可耻”的看客。对于这一类的现象，我们也并不能简单地斥责人们社会道德的沦丧和人心良知的泯灭！从心理学角度来讲，其实根本就是羊群效应在作怪。

在投资市场中，羊群效应表现得更加明显，普通大众往往最容易丧失掉基本的判断力。因为人们都喜欢凑热闹、人云亦云，不相信自己，反而信任别人的大脑。普通人的目光还投向资讯媒体，都希望从中得到判断的依据。但是，媒体向来都有功利的一面，同时媒体还会被强势机构所利用，用来引导和控制普通投资者的选择。所以，当我们在生活中想拿出一些钱去投资时，就要格外注意了，专家并不会代表你的眼睛，如果你不会辨别垃圾信息和有倾向性的分析，你就会失去正确的方向。所以，收集信息并且敏锐地加以判断，是让我们在生活中减少盲从行为，更多地运用自己理性思维的最好方法。

对我们个人来说，跟在别人的屁股后面，亦步亦趋难免被吃掉或被淘汰。最重要的就是要有我们自己的创意，不走寻常路，才是你脱颖而出的捷径。当然，太有个性也不是好事。但是归根结底，不管你是加入一个组织或者是自主创业，保持创新意识和独立思考的能力，对于我们能否取得属于自己的成功，都是至关重要的一种态度。

• 消费中的羊群效应 •

在人们的日常消费中，羊群效应也表现得尤为明显。花钱对个人来说，有时是非常理性的，一旦放到一个群体中，非理性的色彩则逐渐变浓。比如许多人特别是女性，她们都喜欢与同性朋友一起结伴购物，像同事、闺密，她们因为眼光更接近，喜好更相同，购物也更加有乐趣。不过，一种跟风的现象也就由此产生了，看到同伴买什么样的化妆品、衣服或时尚小包，她通常也会毫不犹豫地加入购买大军，进行跟风消费。

所以购物时，我们最好挑选一些与自己的消费能力同层次的朋友，因为如果你与消费能力高于自己或低于自己的伙伴一起购物，都会不免受到“羊群效应”的影响，情不自禁地做出不符合自己消费习惯的非理性行为。要知道在消费的过程中，同伴的示范作用经常会对你的消费选择产生不小的刺激和引导。对普通人来说，爱攀比、好面子、趋同性的消费是社会交往中不可避免的“小毛病”，从个人的心理层面出发，也很难简单地克服这样的问题，所以就会出现大量的非理性的消费。

要想避免这种非理性消费的产生，最简单的方法就是与“羊群效应”绝缘，尽量选择与自己的消费能力相当的伙伴和朋友共同购物，而且最好是单独购物，以消除非理性购物对自己财务状况带来的不利影响。

• 职场中的羊群效应 •

在一些竞争激烈的“兴旺”的行业或者职场环境中，则更容易产生“羊群效应”，而且规模比较大。比如，看到一个公司做什么生意赚钱了，所有的企业都会蜂拥而至，或者投资公司会把钱投入这个行业，或者其他的公司会马上效仿这个品牌，直到该行业的产品供应大大增长，生产能力饱和，供求关系失调，有的企业出现赔钱的状况，于是大家才会一哄而散，资金迅速逃出。

就是说，大家都热衷于模仿领头羊的一举一动，把赚钱的希望寄托在“第一人”身上，缺乏长远的战略眼光、冒险开拓的勇气以及独创意识。

对职场中的人而言，往往也会出现跟风似的“羊群效应”。就拿找工作来说吧，做 IT 有前途的时候，大家就都想去做 IT，报考计算机行业的人大量增加；做管理咨询赚钱，大家又都一窝蜂拥上去，使管理咨询业成为热门行业；在外企干活，成为一个嘴里常会蹦出几个稀罕英语单词的小白领，看上去挺风光的，于是大家又都去学英语，形成一股外企热和英语热潮；做公务员很稳定，收入也不错，大学毕业生又都去报考公务员。这些都是羊群效应的现象反映，其实，凡是在后面跟风的人，已经喝不到最新鲜的羊奶了。

要知道，对一个人最适合的，应该是真正属于他的工作，而不是别人去做的事情。最“热门”的职业有时不一定属于你，如果个性与工作不合，越努力反而会导致越惨重的失败，付出更大的代价。跟风者总是缺乏基本的判断力，其原因就在于，他们懒得思考，也不想照照镜子看看自己，冷静地分析。他们跟风的目的，本来是想避免风险，结果却给自己带来了更多的风险，反而还不如那些投身冷门行业的人，最初看似最有风险的人，却得到了最安全也最有前途的未来。

• 股市和投资中的羊群效应 •

股市和投资中的羊群效应是最常见的，巴菲特曾经对此做过辛辣的讽刺：“只有海水退潮时，才会发现谁光着屁股。”这句话就是讲那些跟风的人，股价疯狂上涨时，他们不停地跟进，结果一崩溃，他们赔光家底，又都落荒而逃。巴菲特恰恰相反，他从不跟风，越是人们追着购买的股票，他越会保持距离，反而会在股价跌在谷底、人们纷纷逃离时，他欣然入市，收购那些股价便宜得像一张纸的股票。

也就是说，在资本市场上，单个的缺乏理性的投资者，他们总是根据其他同类投资者的行动而行动，在他人买入时买入，在他人卖出时卖出，很少冷静地分析赚钱的真正玄机在什么地方。

前几年风靡一时的“掉渣饼”，就是投资中的“羊群效应”的典型。当初掉渣饼迅速红遍全国的时候，不少加盟者以为这种手工作坊式的餐饮业可以打“持久战”，可以适应城市快节奏的生活步伐，都毫不犹豫地纷纷把“宝”押到掉渣饼上。其中不乏想靠掉渣饼生意挣一笔钱的小本生意投资者。他们原本以为这个人力、物力都不需要太大投资的小本生意可以帮助他们改变马路游击或惨淡经营的现状，但是没想到，这种盲目跟风行为却造成了很大的亏损。

比如，在北京丰台车站附近有一家生意曾经一度非常“火爆”的掉渣饼铺子，可是没有红火多久，买卖就变得非常冷清，前来买饼之人寥寥无几。与刚开业顾客排长队买饼时的景象相比，真是天壤之别。这个店铺的老板王先生说，之前他看到掉渣饼的生意非常好，别人开店都赚了钱，而且觉得掉渣饼生意成本低，技术很容易掌握，两个人就可以开业，最重要的是价格便宜、市场大，所以才开了一家掉渣饼店。一开始的时候生意确实很好，一天卖五六百张饼不成问题。但是没过多久，生意就一天不如一天了，最差的时候一天才卖十来张饼，连一天的房租都不够。最终只有惨淡收场了。

在资本市场导致出现“羊群效应”的原因还有其他的一些因素，比如，一些投资者可能会认为同一群体中的其他人更加具有信息的优势。“老李是有经验的股民，这些年来没少赚钱，听他的没错。”“小何在证券公司有熟人，知道的信息肯定比我多。”出于类似这样的原因，人们就开始相信别人的眼睛，把自己的耳朵和眼睛统统捂上，跟在对方的屁股后面往前走。

“羊群效应”也可能由系统的机制引发。比如，当资产的价格突然下跌造成亏损时，为了满足追加保证金的要求或者遵守交易规则的限制，一些投资者不得不将其持有的资产割仓卖出。这是一种无奈的跟风，但其实已经是在招致损失之后的被迫选择。还有就是像巴菲特批评的，因为股价的上涨，在群体投资股票积极性大增的情况下，个人投资者的能量迅速积聚，就极易形成趋同性的羊群效应，追涨时信心百倍蜂拥而至，大盘跳水时，恐慌的心理也开始连锁反应，又纷纷夺门出逃，这样，跳水时的能量也无限放大，很容易就将股票杀在地板价上，逃跑的人越多，大家集体损失的钱就越多。

股市上的羊群效应，本质是源于人性的贪婪。中国有句古话说得好："祸莫大于不知足。"贪婪可谓是人性的一大弱点，也正是投资的大忌。因此，克服贪婪是投资者必须学会的一种基本技能。著名的市场专家和投资家詹姆斯·克拉默就有一句名言："牛市赚钱，熊市也赚钱，但猪到哪里都被宰杀。"这是对投资市场上那些身在羊群之中的贪婪者最好的忠告。

克拉默对此洞察于胸，每当他觉得某个人过于贪婪时，他就会播放一段猪哼哼的录音。他认为，牛市看涨赚钱，熊市看跌赚钱，就像巴菲特一样。许多人问克拉默："2000 年 3 月，股市在高位运行只维持了短短 10 天的时间，你是如何知道应该收手卖空的？"克拉默不甚严肃也不甚犀利的答案是："我不想变成猪。"言外之意，其实是他不想成为羊群的一员，当时，许多股票都涨到了不可思议的价位，在那个时候，人们有很多理由继续留在股市里，而且是一些看似聪明的、合理的理由。但克拉默及时抽身而出，最终保住了胜利的果实。因为他既能克服自己的贪婪，又能与羊群保持距离。

◎ 个人选择的理性与集体行为的非理性

在羊群效应发生的过程中，我们可以看到，个体的选择本质上是出于理性：人们总是采取最保险的行为，但是形成一种群体行为时，却出现了非理性的特征。对于个体选择的理性与群体行为的非理性，凯恩斯指出：“从事股票投资好比参加选美竞赛，谁的选择结果与全体评选者平均爱好最接近，谁就能得奖；因此每个参加者都不认为自己是最美者，而是运用智力，推测一般人认为的最美者。”可见，人们的羊群行为是出于归属感、安全感和信息成本的考虑，个体会采取追随大众和追随领导者的方针，直接模仿大众和领导者的决策。就个体而言，这一行为是理性的（当然也有人认为是非理性的），但对群体而言，却是一种非理性的错误行为。

美国芝加哥大学的教授加里·贝克尔认为：“人类所有的经济行为都是理性的，经济学家之所以不能解释，是因为他们情不自禁地用非理性行为、粗心大意、愚蠢行为、价值的特别改变等臆断说明他们解释不了的现象，以掩盖他们知识上的缺乏，而这些臆断，恰恰暴露了他们所掩饰的失败。”他的观点虽然比较极端，却可以让我们相信个体的理性行为是毫无疑问的。事实上，当一个人观察现实很模糊时，大众往往就会成为信息源，或者说大众的行为提供了一个应如何行动的信息。就像在股市上，由于信息的不对称，个体无法从有限的股价信息中做出合理的决定，此时从众就是一种理性行为，虽然这种理性含有迫不得已的意味。

所以，羊群行为经常是以个体的理性开端的，通过其放大效应和传染效应，跟风者渐渐表现出非理性的倾向，进而达到了整体的非理性。比如股市，当股价的炒作过度时，就出现了非理性的繁荣——股市泡沫。这就如同一片肥沃的草原上只有几只羊，应该说此时它们会吃得很饱。但是某天吸引来了一大群羊，这时候，草原就要被啃食成荒漠了。

在这个过程中，每只羊往这儿赶时，它们的决定都是理性的，因为这里确实有丰美的水草，大家每个个体的初始判断都不错，只不过，对群体来说，这却是悲剧，因为草不够吃。

羊群越来越吃不饱了，有一些倒下了，有一些迁徙了。但是，如果是一只聪明的羊，那它就不应该跟着大部队，而是应该留在这里，这样等草长出来了就会变成肥羊了——就像巴菲特在股市做的那样，他总是在众人恐惧时进场，在众人兴奋时离场。

所以，一个真理是，当大家都认为某一件事是怎样的时候，其实事实可能正好相反。我们在做判断时，一定要小心谨慎。只有经得起这种锤炼的人，无论他做什么，都能够成为真正的赢家。

◎ 克服羊群效应，你就是领袖

只有摆脱了羊群效应的控制，我们才有可能成为一个出类拔萃的人。就像投资大师彼得·林奇说的："假如你在绝望时抛售股票，你一定卖得很低。"容易兴奋和容易绝望的人，他们都会受到羊群效应的控制。

就像在股市，当市场处于一种低迷状态时，其实正是进行投资布局、等待未来高点收成的绝佳时机。正如同巴菲特总是在此时进场扫荡一样，他是不受羊群效应影响的领袖级人物。不过，由于大多数的投资人都存在"羊群效应"的心理，当大家都不看好时，即使具有最佳成长前景的投资品种，大部分人也不会问津；只是等到市场热度增高时，这些人才会争先恐后地进场抢购，一旦市场稍有调整，他们又会一窝蜂地杀出，这似乎是大多数投资人无法克服的投资心理。

生活中何尝不是如此？就像我们已经讲到的，人们像羊群一样活着，无法摆脱同类的选择对我们的影响。于是，我们就只能扮演一种从众的平庸角色，很难成为那个第一口吃螃蟹的人，也就无法成为领袖或者独立的拥有精英思维的人。

面对上述的情况，我们如何尽量避免跟风呢？

正确的方法是：人们应该结合自身的目标、风险承受度等因素，理性地设定自己的计划，比如投资的获利点和止损点，目标、高度和投入成本，同时控制自己的情绪来面对各种人生起落，加强个人“戒急用忍”的能力，这样才能顺利达成生活的目标、工作的目标或者投资的目标。

总有些风险是我们无法避免的，并且是大部分人无法做出判断的，这时你就要小心——因为从众反而是最大的风险，朝相反的方向走，反而能让你得到最大的获利。

如同在股市一样，聪明的投资者，应该为自己设定获利点，因为这样可以提醒自己，我的投资目标已经达到了，我应该避免陷入人性贪婪的弱点，最终反而错失赎回的时机，使我的获利缩水。同时，设定一个止损点，则可以锁定自己的投资风险，以避免在判断错误时可能产生的更大损失。

在这个过程中，我们需要具备两种品质：

1. 目光长远

长远的目光是什么？就是一种战略格局。我们即使身在羊群，也要做一只精明的羊，而且是领头羊。风物长宜放眼量，做事要将目光放长远，不能只盯着眼前，因为鼠目寸光是永远不可能做成大事的。

乾隆皇帝下江南的时候，在镇江的金山寺，面对着来来往往的船只，乾隆便问起了站立于自己身边的僧人：这江面上一天大约有多少船只从这里通过呀？这个高僧就告诉他说：只有两只，一只为名，另一只为利。不管有多少船只挤着从这里走，争先恐后不加思考地走，都是为了名和利，羊群也一样，我们同样如此，为了暂时的可见的名利，看不到长远的人生格局，于是也就无法另辟蹊径。

曾经有这样一个故事。有一个小男孩，他非常喜欢写作，他的梦想就是有一天一定要成为一名作家，他坚持每天写一篇日记，不断地努力向着自己的理想前进。后来，他也投稿了。可是一次又一次，他的稿件如石一般地沉入大海，再也没有了音讯。终于有一天，他收到了一封退稿信，是一位编辑写来的。信上有这样几句话：“你的文章并不出彩，可是你的精神非常让我感动。或许，你并不适合当作家，但是，我从你一次又一次的来稿当中，看出你的钢笔字写得越来越好。”

小男孩自从看了这封信之后，便从此放弃了写作，开始每天练起了自己的字。这位小男孩并没有成为一个作家，然而如今，这位小男孩却成了一名非常有名的硬笔书法家。这个小男孩的故事给了我们很深刻的印象。试想，小男孩并无写作天赋，虽然他非常刻苦，却仍然无法成功。而在此时，小男孩选择了放弃。他很聪明，他懂得写作这条路并不适合自己。如果他一直钻牛角尖似的走下去，成功的人当中很有可能永远都不会有他的名字。而他在适当的时期放弃了不适合自己的路，走上了另一条路。在某些人看来，他没有坚持到底。事实证明，这才是成功的选择。他没有因为大家都喜欢写作，就逼着自己必须写到底，哪怕不适合也非得往下写，而是很聪明地找到了自己的强项，选择了属于自己的一条路，没有受他人的左右。

所以，对于人的长远目光来说，首要一点，便是心中要有大的目标，找到自己的价值，然后坚持走下去。

美国迪士尼乐园的创始人沃尔特·迪士尼曾经说过：做人如果不继续成长，就会开始走向死亡。当大家都贪于安逸的时候，你要心怀长远，不断地进取。

第一，别人害怕做事，不想承担责任，你要勇于挑战那些要跳起来才能够得着的目标。

第二，让自己产生一种理想主义的心态：目标完成，会让我很有成就感。

第三，众人的常规方法对我没用，我必须付出额外的代价才能实现，所以，我不会像他们一样变得平良，而是会调动全身的潜能。

第四，善于放弃，抑制自己从众的强烈心理，而且要能够控制功利的思维，能够从暂时的损失中看到未来的价值。

在一场无法为人所预防的灾难当中，有一位遭受极其惨重损失的企业家向一位专家求教“避灾拒祸”的良方，这位专家并没有给他讲什么大的道理，而是给他讲了这样一个故事：在一列高速行驶的火车上，一个老人在窗口不小心把刚买的新鞋掉了一只，料想不到的是，老人立即把第二只鞋也从窗口扔了下去。看着身边人倍感惋惜的神情，老人神情释然地说：“这一只鞋不论是多么的昂贵，然而现在它对我而言已经没有一点用处了，可是如果有谁能捡到一双鞋子，说不定它还能被穿呢！”显然，我们在适当的时候，舍弃一些东西，那么最后将会换来更加满意或圆满的结果。

可如果是你呢，你会怎么做？我相信一定有不少人会紧紧抱住余下的那只鞋，然后很长时间，还对掉了的那只鞋念念不忘，无法释怀，感到可惜。这是众性思维，如果你不能突破，那你将很难从羊群中跳脱出来。

你应该知道，克服羊群效应，不只是避免行为上被控制，更重要的是思维，学会反向思考，逆向而行。当别人都害怕损失时，我们却要从损失中看到价值。就像那些真正的股市大亨一样，只有这样你才能成为大赢家。

2. 耐心的培养

没有耐心，你就无法独立地安静思考，做出理性的判断。比如那位看到有人排队，就急忙跟过去排在后面的仁兄。就是一种很典型的缺乏耐心的行为。如果他能耐住性子，仔细观察一下，就不会成为一只傻乎乎地跑过去凑热闹的“羊”了。所以，你想摆脱羊群效应，就必须培养自己耐心的优秀品质。不管企业，还是个人，都是如此。

爱因斯坦说："耐心和恒心总会得到报酬的。"有句俗话说："心急吃不了热豆腐。"这正说明耐心是成功的关键因素之一，同时也是一个人是否容易被别人左右的主要因素。同时，在心理学上，耐心又属于意志品质的一个方面，即耐力。它与意志品质的其他方面，如人的主动性、自制力、心理承受力等有一定的关系。这更加说明，没有耐性和毅力，一个人就会缺乏自主性。

有一位自考毕业的女孩去应聘一家外贸公司经理秘书的职位。但是，公司却给她安排了一个行政部文员的职位。女孩想了一下，觉得只要自己耐心做好文员的工作，一样很好。于是，她就答应了。

女孩的工作是负责接待客人和复印、打印等琐事。同事们总是把一些需要复印和打印的文件一股脑儿堆在女孩的桌子上，然后告诉她哪些需要复印、哪些需要打印、每种各需要多少份。女孩总是耐心地记录着各种要求，然后仔细地做。

有好几次，女孩的认真检查避免了公司的损失。因此，女孩真的被提拔为经理秘书了。女孩是这样对人说的："工作虽然简单，但是只要有超凡的耐心和细心，就会取得成功。"

换作你或者别人，如果想得到这个秘书的位置，会怎么样呢？我相信超过 99% 的人，都会盯着那些看似重要的工作，整天心急火燎地去表现自己，在领导面前晃悠。这就是从众，大家都这么想的，于是都觉得这样就是正确的，毫无耐性，也没有自己的思考。

女孩能够成功，就是因为她对于形势的判断十分明智，不同于身边的同事。她知道，如果你连最基本的工作都做不好，对前途没有自信和等待的品质，领导是不会提拔你的。所以，当别人都在向上递升职申请书时，只有她没有。因此，她想不升职都很难。

很多专家的研究指出，人类因为有无比强大的从众本能，以及人群之间的沟通传染、信息的不确定性、信息成本过高等因素，都可能导致各种领域内羊群行为的产生。只有独立思考，慎重行动，勇于创新，不要轻信道听途说的传闻，保持清醒的头脑，充分考虑到各种潜在的风险，保持一种独立和创新的精神，我们才能抢占先机，摆脱羊群行为的控制。

第 8 章

破窗理论

◎“破坏创造财富”的悖论

◎是“破窗理论”还是“破窗谬论”

◎巧用破窗理论：当心“第一扇玻璃”被打破

◎未雨绸缪才能预防危机

◎"破坏创造财富"的悖论

破窗理论的基本解释是：街道上的一座房子，如果它的窗户破了，没有人去修补，那么等不了多久，其他的窗户也会莫名其妙地被人打破。一面墙，如果出现一些涂鸦没有被及时地清洗掉，很快的，墙上就会布满了乱七八糟、不堪入目的东西，而且其他的、更多的墙也会变得肮脏起来。一个本来很干净、清洁的地方，人们不好意思丢垃圾，但是一旦地上开始有了垃圾之后，人们就会毫不犹豫地抛垃圾，丝毫不觉羞愧，于是，这里很快就会变成"臭气熏天的垃圾场"。

这个理论是19世纪法国经济学家巴斯夏作为对某种错误经济学的批评的靶子而总结出来的，出现在他的著名文章《看得见与看不见的》中。而那位经济学家，是一位叫作黑兹利特的学者，他在一本小册中表述了一个经济学的比喻，他说：假如小孩打破了窗户，必将导致破窗人更换玻璃，这样就会使安装玻璃的人和生产玻璃的人开工，从而推动社会就业。巴斯夏看到后，非常生气，马上做出了批驳：

你是否见过这位善良的店主——詹姆斯·B.萨姆纳先生生气的样子？当时，他那粗心的儿子不小心砸破了一扇窗玻璃。如果你置身于这样的场合，你恐怕会看到这样的情景，每个看客，看到这种局面的每个人，都会不约而同地如此这般地安慰这位不幸的店主："不论发生什么不幸的事，天下总有人会得到好处。人人都得过日子呀，如果玻璃老是不破，要玻璃工干什么呀。"现在，这种千篇一律的安慰已经形成一种理论，我们将用这个简单的例子来说明这一理论，我们会发现，很不幸，就是这样的理论在指导着我们绝大多数的经济制度。

巴斯夏认为，破掉的窗子尽管在短期内能够带来一些可怜的经济收益，但在较长的时期内，一定会破坏整个国家的文化和风气，从而毁掉"文明的基础"。因为当有人敲碎了一扇窗户，第二个人就可能让这个窗户的窟窿变大，第三个人可能钻进去玩了玩，第四个人可能进去后就开始偷东西，第五个人和第六个人可能就一把火烧了房子。他认为，"破窗理论"就是典型的"破坏创造财富"的谎言，这样的谬论放之于洪灾，放之于地震，放之于战争，好像都很合适，其实却是对文明的真正破坏，是非常荒谬的观点。

所以，后来美国的政治学家威尔逊和犯罪学家凯琳通过观察和总结，提出了"破窗理论"的升级版本，他们指出，环境可以对一个人产生强烈的暗示性和诱导性。

为此，美国斯坦福大学的心理学家詹巴斗进行了一项试验，他找了两辆一模一样的汽车，把其中的一辆摆在了帕罗阿尔托的中产阶级社区，而另一辆停在相对杂乱的布朗克斯街区。停在布朗克斯的那一辆，他把车牌摘掉了，并且把顶棚打开。结果这辆车一天之内就被人偷走了，而放在帕罗阿尔托的那一辆，摆了一个星期也无人问津。

你会觉得是因为中产阶级社区的住户素质高，而杂乱的布朗克斯街区的人就全是小偷一样的人吗？如果你相信，那就大错特错了，因为后来詹巴斗用锤子把停在帕罗阿尔托的那辆车的玻璃敲了一个大洞。结果仅仅过了几个小时，它就不见了，被"素质高的人"给偷走了。

所以，据此而升级的破窗理论认为：如果有人打坏了一个建筑物的窗玻璃，而这扇窗户又得不到及时地维修，别人就可能受到某些暗示性的纵容去打烂更多的窗户玻璃。久而久之，这些破窗户就给人造成一种无序的感觉。结果在这种公众麻木不仁的氛围中，犯罪就会滋生和猖獗。就像巴斯夏所说的，这会破坏掉整个国家的文明基础，最后一定毁掉规模更大的经济和财富。

◎ 是“破窗理论”还是“破窗谬论”

对于经济学家最初提出的“破坏利于建设”的谬论，巴斯夏用无比讽刺的口吻反驳说：

玻璃很如愿地被打坏了，假定这块玻璃值6个法郎，你就会说，这个事故给玻璃工带来了6法郎的生意——它提供了6个法郎的生意——这我承认，我绝不会说这不对。你的话很有道理。这位玻璃工赶来，履行了自己的职责，然后拿到6个法郎，在手里掂量掂量，而心里则感激那个莽撞的孩子。这些都是我们能够看到的。

但是，另一方面，假如你得出结论——人们确实常常得出这样的结论——说打破玻璃是件好事，说这能使资金周转，说由此可以导致整个工业的发展，那就容我大喝一声：“住嘴！你的理论只看到了能看到的一面，而没有考虑看不到的那一面。”

看不到的那一面就是，由于我们的这位店主在这件事上花了6个法郎，他就不能用这6个法郎办别的事了。你没有看到的是，如果他不用修补这扇窗户，那么，或许就可以换掉自己的旧鞋，或者给自己的书架上再添一本新书。简而言之，如果没有发生这起事故，他就可以用这 6 法郎干别的事了。

现在让我们把工业作为一个整体，来看看这一事故对它的影响。现在窗户如愿地打破了，玻璃工的生意增加了 6 个法郎，这是我们已经看到的。如果窗户没有破，鞋匠（或别的什么人）就会增加 6 个法郎的营业额，但这是我们所看不见的。

而如果在看得见的一面之外——这是积极的事实，也考虑一下看不见的一面——这是消极的事实，那么，我们就会明白，不管窗户是打破还是完好，整个工业，还有全国劳动的总量，都不受影响。

现在，让我们站在詹姆斯·B. 萨姆纳先生的角度考虑一下。第一种情况，如果窗户被打破了，他花了 6 法郎。那么，他从窗户中得到的享受，既不会比从前少，但也不会比从前多。第二种情况，假如窗户没有被打破，他也就可以拿这 6 个法郎去买鞋，于是，他在继续享用窗户的同时，还可以得到一双鞋。而由于詹姆斯·B. 萨姆纳先生是社会的一个组成部分，因此，我们必然可以得出结论，综合起来考虑，对享用和劳动进行一下估计，那么，我们已经丧失了被打破的窗户的价值。

于是，我们得出这么一个出人意料的结论："有些东西被毫无意义地毁灭，社会丧失了价值。"我们必然会同意这么一个令人毛骨悚然的公理：破坏、损坏和浪费，并不能增加国民劳动力，或者简单地说，"破坏并不是利润"。

对于那位经济学家的谬论，巴斯夏用一个很简单的故事就讲明了其中的道理。事实也的确如此，这些经济学家要么是缺少正确的知识，他们从错误的假设出发，经过错误的逻辑推理，最后当然是得出错误的结论；要么，他们就是缺乏常识，而被神秘的数字给震慑住了，给宏观指标的数字游戏所迷惑住了。

“破窗谬论”之所以非常荒谬和错误，在于它忽视了这种“破窗”所引起的后续的经济活动，是以社会资源的浪费和生命财产的损失为代价的。发表该言论的经济学家，他们不屑于谈小小的破坏行为带来的蝇头小利，却醉心于其中的巨大的破坏行为能让人们受益无穷。正像美国经济专栏作家亨利·赫兹利特（Henry Hazlitt）在他的畅销书《一堂经济学》中讲到的：他们吹嘘战争对经济是如何如何的有利，非和平时期能比，并向我们展示通过战争才能实现的“生产奇迹”。他们认为，战争时期庞大的需求“累积”或“堵塞”，一定会给战后的世界带来繁荣。所以第二次世界大战结束后，这些人兴致勃勃地清点那些在欧洲被战火夷为平地、必须重建的房子和城市。在美国，他们迫不及待地清点出战争期间无力兴建的房子、短缺的尼龙袜、破旧的汽车和轮胎、过时的收音机和电冰箱。最后他们汇总出来的数额之大，简直令人震惊。

但是，他们通常只是从金钱的角度去思考“购买力”。其实如果只考虑金钱的因素，只要让印钞机开足马力就可以了，根本不愁会没有钞票。要是以金钱来衡量“产品”价值的话，那么以钞票为产品的印钞业，无疑就是当今世上规模最大的产业了。事实真的如此吗？显然不是的。拿这些印出来的钱，能买到的东西比从前少，自己实际拥有的东西可能不如从前了。从这个角度我们就能看到，尽管被砸破的窗户的确会给玻璃店带来生意，战争造成的破坏也的确给某些产品的制造商带来了大量的商机。另外房子和城市毁于战火，为建筑业赢得了更多业务，可是在大兴土木的同时，可用于生产其他产品的人力和生产能力也跟着随之减少了。人们在买了房子或买了无理由地被破坏的玻璃之后，可用于购买其他产品的支付能力也会随之缩水。

结果就是：顾得了一头，就顾不了另一头。

显然，生产力被摧毁多少，实际的购买力就会被摧毁多少。窗子被砸烂了多少，文明价值也就被毁掉了多少。这才是破窗的真相。说到底，破窗谬论就是告诉你一个好消息，却隐瞒了那个坏消息。将坏事说成好事，说得头头是道，但实际上坏事却还是坏事，不但没有改善，反而更加严重了。因此，这样的经济学家所发表的，不过是一种流氓理论。

在中国，也曾经出现过这样的荒谬说法，将破窗上升为了理论，并且用来解释社会经济现象。比如当1998年南方发大水时，有的学者就曾经撰文分析，依照破窗理论，我国的经济将会因此而加快增长。可是，破窗谬论在现实中并没有成立的依据。相反的是，打破“窗子”不但不会创造需求，拉动经济，反而在另外的部分付出更大的代价，得到更多的负面效应。所以说，“孩童砸烂玻璃是破坏而不是建设”。

◎ 巧用破窗理论：当心“第一扇玻璃”被打破

在20世纪的纽约，当时这座城市以脏、乱、差而闻名，环境恶劣，同时犯罪也很猖獗，地铁的情况尤为严重，堪称罪恶的延伸地。据当时的统计，平均每7个逃票的人中就有一个通缉犯，每20个逃票的人中就有一个携带武器者。

这样的城市还能住人吗？所以1994年，新任的警察局局长布拉顿开始治理纽约。他从地铁的车厢开始治理：车厢干净了，站台跟着也变干净了，站台干净了，阶梯也随之整洁了，随后街道也干净了，然后旁边的街道也干净了，后来整个社区干净了，最后整个纽约变了样，变得整洁漂亮了。

因为清理了一个车厢，洁净了整个站台；因为站台变得干净，整个街道和社会也发生了变化。现在纽约是全美国治理最出色的都市之一，这件事在当时被称为“纽约引爆点”。

还有一些例子，被称为校园里的“破窗现象”：

案例 1：

学校的旗杆四周有一道围栏。有一天，东南角立柱上的圆球不知被谁碰了下来。总务处的同志把球捡到了办公室，想过几天找个人再焊上。仅过了两天，又有一个立柱上的圆球也掉了下来，并且不翼而飞了。好多老师都看到了，但都没在意。一个月后，学校不得不将围栏拆除。因为，不仅另外两个立柱上的球也不知了去向，而且还有三根立柱也惨遭破坏，根本没法再维修。

案例 2：

学校规定，学生放学后 15 分钟，教师方可离校，为的是先把学生安全送过马路。有一次，两个班主任和学生一起离了校，学校领导发现了，但没进行任何提示或处理。第二天，有的班主任便效仿之。不久，其他教师也紧跟着学生一块离校。没过多长时间，教师便都走在了学生前边，还没打放学铃，好多教师早已不见了踪影。于是，学校不得不重申原来的规定。

案例 3：

某校的班级里新来了一个留级生，由于他的勤奋努力，使得那些原本想混日子的同学受到了极大地震动，学习的气氛开始转好。比如有时老师反复强调的一些重点，有的人或许对此不以为然，但是只要留级生说一句话：“这个内容要考到的。”便会立即引起同学们的高度重视，大家都赶紧拿起课本，重点关注这些内容——留级生的话比老师的话还有效！

案例 4：

当第一位同学无意中发出手机铃声，而没有受到老师责备或制止时，其他同学默认老师对该行为不会责备或制止，同时由于该行为能引起其他人的笑声而带来某种满足感，于是便会效仿。

如果想制止某种现象，当其第一次出现时，就应该给予制止或者惩戒。

我记得自己在高中时，也频繁遇到这一类的现象。晚上大家留在教室自习，开始都会准时关灯，最后离开的那个人，一定会把灯关上。但后来有一个人可能是走得太急，没有来得及把灯关上，结果麻烦开始了。第二天晚上，灯也没关。以后大家都不关灯了，教室的灯一亮就是一个晚上。最后还发展到了宿舍，只要学校不熄灯，灯就一直亮着，成为全校的一种集体行为。校方不得不出面，召开校会专门提到这件事，就像前两个故事一样。而案例 3 和案例 4 就向我们说明：及时地修好第一扇被打破的玻璃，能够有效地阻止“破窗现象”于发端的萌芽状态，起到积极的连锁反应。

不久以前，我们都知道一则关于伍兹的新闻，说的是高尔夫球巨星泰格·伍兹在寓所外撞车，嘴唇受伤流血了。原本是一宗寻常的交通事故，后来却引起轩然大波。最初伍兹太太艾琳·诺德格林声称用高尔夫球杆砸破车窗勇救丈夫，后来却被网站揭发，她其实是因为伍兹对婚姻不忠，抓伤他后还拿着高尔夫球杆追打他才酿成撞车。

这还不是事件的尾声，媒体很快便揭发肇事原因是伍兹与派对名媛瑞秋·乌琪泰儿（Rachel Uchitel）有染，令太太妒火中烧。接着一名酒吧女招待珍美·格拉布斯（Jamie Grubbs）向杂志爆料，声称和伍兹有染 31 个月，做爱 20 次，且有伍兹发给她的超过 300 条手机短信、照片以及电话录音为证。

很快，另一本杂志又披露伍兹另一名情妇的身份：赌城拉斯维加斯一家俱乐部 27 岁的经理卡莉卡·莫奎因（Kalika Moquin），她的朋友声称伍兹向她透露婚姻和家庭生活不愉快，两人曾多次幽会。这样的绯闻越爆越多，最后被揭发出来的情妇竟多达 14 个。伍兹苦心经营的好好先生形象毁于一旦。

不过，令人费解的是，牵涉的情妇如此之多，却一直没人揭发，让伍兹以好好先生的形象示人；为什么一次交通意外，就可以让她们一次性地暴露出来呢?

原本太平无事，大家当然不敢轻易动他一根毫毛，但当交通意外鸣响了第一枪、伍兹又无法有效处理时，其他人便摩拳擦掌，跃跃欲试。我们中国人平时就有“落井下石”的说法，其实也是类似的道理，只要有人扔第一块石头，那井里的人就等死吧。

可见破窗理论的巨大破坏效应，指的是一种集体的破坏行为，而且都是互相默许和模仿的，内中又含有羊群效应的一些共振反应，加强破坏的威力。要防止不良的集体行为发生，最好的方法莫过于不让破窗出现。万一失手出现了“破窗”，就得赶紧处理。否则，“破窗”就会发出信号，暗示“无人追究”，结果大家的自律和心理障碍就会开始松懈、溃堤，最后一发不可收拾。

所以，心明眼亮的英国首相丘吉尔才最不能容忍凌乱和无序，对此看得特别重要，因为他十分清楚如何利用破窗理论真正地重建国家，即使在战争时期。当时他曾经下了一道命令，当一些建筑物在纳粹的轰炸下损毁时，只要是损坏不大的地区，破碎的窗户玻璃就必须尽快地更换，绝不能让一些本来可以修复的建筑物被人荒废不理，看起来像个废墟。这是因为他知道，一旦凌乱和无序的气氛被纵容，就会对政府的管治产生威胁。如果这种气氛像瘟疫一样蔓延，国民的尊严和士气就会慢慢受到侵蚀，这场战争就会兵败如山倒，到那时后悔可就晚了。

在企业管理中，这个办法的应用十分广泛，比如在日本，就有一种被人们称作“红牌作战”的质量管理活动：

①清理：清楚地区分要与不要的东西，找出需要改善的事物。

②整顿：将不要的东西贴上“红牌”，将需要改善的事物以“红牌”标示。

③清扫：有油污、不清洁的设备贴上“红牌”，藏污纳垢的办公室死角贴上“红牌”，办公室、生产现场不该出现的东西贴上“红牌”。

④清洁：减少“红牌”的数量。

⑤修养：有人继续增加“红牌”，有人努力减少“红牌”。

为什么制定这样的流程呢？“红牌作战”的目的是，借助这样一个活动，可以带动大家的积极性，减少“破窗”的出现，让工作场所得以整齐、清洁，塑造舒爽的工作环境。没有“窗子”被打破，久而久之，大家就会一直遵守规则，认真工作。可能不少人觉得这样做太简单了，一点芝麻小事，没什么意义嘛！这是他们不懂得破窗效应的可怕后果：如果生产现场变得不整洁，工人也会随之产生放松和懒惰的心态，工作态度就会变得松懈，随后产品质量就会出现问题，然后公司形象就会下降，最后就是破产。这是“破窗理论”比较直观的一个体现。

更重要的一个方面可能在于，应用破窗理论，公司对待那些随时可能发生的一些“小奸小恶”的坏行为，特别是对触犯企业核心价值观念的一些“小奸小恶”，进行小题大做和杀一儆百的处理是非常必要的，因为能够将问题扼杀在萌芽状态。

在美国，有一家以极少炒掉员工而著称的公司，这一天，资深熟手车工杰瑞为了赶在中午休息之前完成 2/3 的零件，他在切割台上工作了一会儿之后，就把切割刀前的防护挡板卸下放在了一旁。因为没有防护挡板，收起加工零件来会更方便和更快捷一点。

大约过了一个多小时，杰瑞的这个举动被无意间走进车间巡视的主管逮了一个正着。主管看到后马上雷霆大发，除了目视着杰瑞立即将防护板装上之外，又站在那里控制不住情绪地大声对他训斥了老半天，并声称要作废杰瑞一整天的工作量。

事到此时，杰瑞以为就结束了，反正挨了一顿猛批，又不是什么大事。但没想到，第二天早晨一上班，有人就通知杰瑞去见老板。在那间杰瑞受过好多次鼓励和表彰的总裁办公室，杰瑞听到了公司要将他辞退的处罚通知。

很残酷吗？原因是什么？总裁严肃地说："身为老员工，你应该比任何人都明白安全对于公司意味着什么。你今天少完成几个零件，少实现了利润，公司可以换个人，换个时间，把它们补起来，可你一旦发生事故失去健康乃至生命，那是公司永远都补偿不起的……"

原来如此！离开公司那天，杰瑞流泪了。他在这里工作了几年时间，有过风光，也有过不尽如人意的地方，但公司从没有人对他说不行。可是这一次却不同，杰瑞知道，他这次碰到的是公司灵魂的东西。

这个故事就是在告诉我们，破窗理论的应用，其实就是"把问题控制在萌芽状态"，对于影响深远的"小过错"，一定要"小题大做"地去处理，为的就是防止"千里之堤，溃于蚁穴"。只有这样，才能防止窗子被打破，才能在第一扇窗子被打破后，能够及时地修好。因为任何一种不良现象的产生和存在，都是在传递着一种信息，这个信息必然会导致这种不良现象的无限扩展。

所以，树立危机管理意识，设立危机预警系统，使组织（公司或个人）能根据预先显现的危机信号，及时发现破窗或即将成为破窗的那一块松动的玻璃，对我们来说是极其重要的，必须始终保持高度的警惕，一刻也不能放松。这是化解危机、防止危机蔓延的最好的方法，广泛地应用于人们的社会生活和组织管理方面。

◎ 未雨绸缪才能预防危机

等到窗子被打破了再去补，总不如事先做好一切防备，不让任何一扇玻璃有被打坏的可能性，这就是危机的预防。在当今这个激烈竞争的时代，要想在社会上有一席之地，我们就必须懂得做事要有准备，要有“防”的患难意识，而不是只能亡了羊再补牢。像中国古代的国君，谈起治国安邦的决策，用一句古语说就是：“安而不忘危，治而不忘乱，存而不忘亡。”对于一个人或一个组织来说，这同样是适用的。

从前，有张某、李某二人，生活过得非常贫困，每天都以卖酪为业，仅仅得以糊口而已。有一天，当他们把酪装到瓶里，正准备把酪顶在头上上街去贩卖的时候，突然就下起了倾盆大雨，路变得十分泥泞湿滑，一不小心就有跌跤的危险。

张某比较聪明，见此情形马上想道：“如果我把酪全部顶出去卖，走在泥泞的道路上万一跌跤，瓶破酪流，岂不是会受很大的损失吗？我应该把酪再倒回锅里煮一煮，把酪中的酥都提炼出来之后，再把它装到瓶里拿去卖，就算是滑倒了，也不会损失太大。”于是，他就照计划准备着。但是另一个不聪明的李某没有做任何计划准备，只在家里呆呆地等待着雨停路干。

很快，天晴雨停，他们二人各顶着十几瓶的酪，踏着泥泞的道路向城市走去。路上，他们十分小心谨慎，雨后的道路的确太滑，怎样谨慎也不易站稳。忽然，两个人的脚向前一滑，倒卧在地上，随即“砰”的一声，头顶上的酪瓶全破了。

不聪明的李某见状，痛哭流涕，发狂似的倒在路上打滚哀号。但是，那个聪明的张某却丝毫不忧愁，过路的人感到奇怪，上前问道：“你们同样受了损失，为什么一人伤心哭泣，一人安详自在呢？”李某哭道：“我所有的酪都没有煮出酥来，现在不幸把瓶子打破了，我的损失是全部的损失，我今后的生活将因此而无所依赖，叫我怎么不悲伤？”

“你呢？”路人又问聪明的张某。

“我嘛，还可以。因为我早做准备，所以没什么损失。今天早上我看到下雨，想到雨后泥泞的道路，恐怕会跌跤。因此，赶快煮酪取酥，果然不出所料，我的酪虽失掉，而酥却留下，所以我觉得无所谓的。”

路人听了，叹一口气，说道：“是啊，一个人做事，在未失败时要为失败做准备，就像未下雨前，应该为下雨打算一样，才不会一败涂地。”

这个故事就表明：在开始做一件事之前要做好万全的准备，多花一点心血，可以少付出很多的代价，保住窗子不被打破。

总而言之，我们做人做事，不怕有危机，就怕没有危机，不怕有人来砸窗，就怕我们不知道窗子有可能会被砸破，从而一点防范的心理都不具备。对生活和工作来说，没有危机意识才是最可怕的。

一只山猪在大树旁勤奋地磨獠牙。狐狸看到了，好奇地问它：“既没有猎人来追赶，也没有任何危险，为什么要这么用心地磨牙？”山猪道：“你想想看，一旦危险来临，就没时间磨牙了。现在磨利，等到要用的时候就不会慌张了。”像这个故事，讲的就是要未雨绸缪，只有平时多做准备，才能保住自己的“窗子”不被打破。

我们关于应用破窗理论的10个建议：

1. 平时制定有效目标，才能真正做到有备无患；否则就连人生和工作目标都虚无缥缈，你做起事来又怎么能上心？

2. 出发前，校准我们的“指南针”，该往哪儿走，心中要有数，方能不会掉进坑里，不会迷路。

3. 玻璃未坏，放好修补工具；晴天带伞，未雨绸缪。

4. 想知道有没有“偷车贼”？那就站得高一点，看得远一点。

5. 如何不让窗户面临危险？平时需要三思而后行，谋定而后动。

6. 你得清楚自己的玻璃值不值钱，也就是说，我们也有必要考虑维护玻璃的成本。

7. 做事要有胜算，平时不做没有把握的事，因为一旦摔倒，玻璃必破。

8. 充沛的准备在前，才能做到机智的应变在后。

9. 窗户破了怎么办？学会从破窗中寻找出路，而不是忙着去追查凶手。

10. 就算窗子全破了，也要勇敢面对，因为只要鼓起勇气，所有的窗子都能修复。

第 9 章

木桶定律

◎致命的短板

◎去除“短板”，才能提高整体效益

◎木桶理论的应用

◎认识自身短板，创造美好人生

◎ 致命的短板

提出者：美国管理学家彼得，又称为水桶原理或者短板理论、水桶短板管理理论之父。

核心内容：一只水桶盛水的多少，并不取决于桶壁上最高的那块木块，而恰恰取决于桶壁上最短的那一块木板。根据这一核心内容，"水桶定律"还有两个推论：

第一，只有桶壁上的所有木板都足够高，这个水桶才能盛满水。

第二，只要这个水桶里有一块不够高度，水桶里的水就不可能是满的。就是说，构成组织（整体能力）的各个部分往往是优劣不齐的，而劣势的部分才往往决定整个组织（整体能力）的水平。

如果仅仅是作为一个形象化的比喻，"水桶定律"可谓是极为巧妙和别致的。但是随着它被应用得越来越频繁，应用场合及范围也越来越广泛，已经基本由一个单纯的比喻上升到了理论和定律的高度，适用范围极广，并产生了许多推论和演变。这个由许多块木板组成的"水桶"，它不仅可以象征一个企业、一个部门、一个小组，甚至也可以象征某一个具体的人，比如员工或老板，而"水桶"的最大容量则象征着整体的实力和竞争力。

●演变一：一只水桶的储水量，还取决于水桶直径的大小。

每个组织都是不同的一只水桶，因此，水桶的大小也不可能完全一致。直径大的水桶，其储水量自然要大于其他水桶。也就是说，一家公司在进入市场之初，它的起步也是不完全一样的，有的基础扎实，有的基础局促，有的资源面广，有的资源面窄，这都会对该组织或公司的最初的发展起到关键的作用。

●演变二：在每块木板都相同的情况下，水桶的储水量还取决于水桶的形状。

学过物理的人都知道，在周长相同的条件下，圆形的面积大于方形的面积。因此，圆形水桶是所有形状的水桶中储水量最大的，它强调组织结构的运作协调性和向心力，围绕一个圆心，形成一个最适合自己的圆。

从公司或组织的角度来说，组织的每一块资源都要围绕一个核心，每一个部门都要围绕这个核心目标而用力，作为总经理来说，偏颇任何一个部门都会对水桶的最后储水量带来影响。也就是说，结构决定着力量，同时结构也决定着水桶的储水量。

●演变三：水桶的最终储水量，还取决于水桶的使用状态和相互配合。

每一个水桶总会有最短的一块板，最初的水桶理论告诉我们，水桶的储水量取决于最短板的高度。不过，在特定的使用状态下，通过相互配合，可以增加一定的储水量，如果有意识地把水桶向长板方向倾斜，其储水量就比正立时的水桶多得多；或者为了暂时的提升储水量，可以将某些不必要的长板截下来补到短板处，从而提高整体的储水量。也就是说，可以牺牲掉某些优势，将这部分力量拿过来，弥补自己的缺陷，比如资金的调配。

水桶的长久储水量，还取决于水桶各块木板的配合紧密性，配合要有衔接，没有空隙，每一块木板都有其特定的位置和顺序，不能出错。如果每块木板间配合得不好，出现缝隙，最终只能导致漏水。这就告诉我们，一个团队，如果没有良好的配合意识，不能做好互相的补位和衔接，最终整体的储水量也不可能得到提高。有时你会发现，单个的木板再长也没用，这样的木板组合只能说是一堆木板，而不是一只完整的水桶和一个实力强悍的团队。

如果我们把水桶比作组织竞争力的支持元素，那么储存多少水就是该组织的真正竞争力，但是，所有的这一切，都是建立在静止的并且是理想的一种假设的前提下：即，所有的水桶都是放在同等的取水状态，条件都应该是相同的，比如是下雨的天气，所有的水桶都在接收落下来的雨水，并且不管接住的雨水用于何处、如何使用等。

因此，对等的条件应该是过于理想化的，现实中本身并不存在对等的条件。要知道，储水本身是一个动态和变化的过程，不仅未来难以预测，现实亦是无法百分之百把握，不可能做到完全对等的形势与比较条件。所以无论是做企业、做品牌，还是我们个人的学习提升，做人、做事，也并不仅仅是一个储水的过程，不是储水越多越好。其实最重要的，还在于如何更有效率地储水和如何使用所储之水。

●演变四：水桶定律的动态演变。

首先，有一个次序问题。在储水前我们要清楚这样的一个疑问，是先有水还是先有桶？先有大水桶还是先有小水桶呢？按照水桶理论，必然是先有水桶，再有水，然后不断地调整，从小水桶到大水桶，从短水桶到长水桶，没有哪一只水桶一开始就非常大、非常深的。然而在实践上，在现实生活中，并非如此。也许是先有水再有水桶，或者是先有不成形的水桶，甚至只有几块木板，而不是桶，然后通过这几块紧缺的垄断的木板资源，赚到第一桶金，最后才做出第一只水桶。人的创业过程，岂不正是这样的一个动态的变化？并非先成立并完善了组织，才去争夺财富，而是在争夺竞争的过程中，组织得到了完善。

其次，储水量的多少是动态的，目标设定储多少水，决定于我们做多长的木板，而不是越多就越好。多了是浪费投资，少了则是不求进取。所以储水量的多少，有时候并不是企业竞争的全部，市场竞争并不是所有木板都超过对手才会赢，有时为了竞争的需要，我们还要故意卖一个破绽给对手，而以自己的集中优势攻别人的相对弱势取得胜利。就如同田忌赛马，我为什么要拿自己的短板去跟对方的长板比拼呢？当敌众我寡时，就需要集中一点予以击破。这就是相对竞争优势。

●演变五：水桶定律中水的使用演变。

更重要的是，所有的储水过程，还在于都是为了让水得到它最大的使用价值，是可资使用的水，而不是到手之后没有任何用处的“废水”。

一只水桶，它至少要有两块最牢固的木板装成提柄，以能轻松提取。这两块长板必须能够负荷起整只水桶的重量。这就是板块的明星效应：如果水桶的板都一样长，只是说明具备储水的潜力，但这远远不够，如何发挥潜力及把它运用出来，必须要有一定的借力，运用提或拉的动作才能操作起来。所以，一个企业（组织）如果对其所有部门和科室都同等对待，要想跨越到更高的高度也绝不可能，必须突出公司的核心部门和自己的锋芒点，也就是重点部门，整合一切资源尽可能地投入在这上面。

从水桶本身来说，一只水桶至少要有两块木板比其他木板更长、更牢固，才可以在上面装上足以借力的提柄，装提柄位置的木块要特别经得起提拉，所谓提纲挈领就是此意。这就说明，作为企业（组织），必须要培养自己的核心竞争优势，以这一点或两点的核心优势，能够统领整个公司的发展，成为组织的头狼。否则只是作为一只光溜溜的水桶，实在很难将它提起来，即便装着再多的水，也表现不出它应有的实力。同样，如果一只太深的水桶，却装着太浅的水，这也会影响到水桶的使用效率。因为这同样也不是一个企业追求的最终目标。

●演变六：木桶储水的多少，同样取决于各块板之间的配合程度，以及板与板之间的配合程度，即木板与木板之间的缝隙大小。

很显然，在一个组织或企业里，每个员工都是一块木板，而且每块木板都会有自己的长处和短处，也就是说企业的每一个员工要能包容别人的缺点，发挥自己的优点，相互协助和密切配合，扬长避短，团结一心，只有这样才会缩小相互配合的缝隙，达到最佳的储水量。这里讲到的就是团结。组织内优点突出的人不要骄傲，别瞧不起人；有缺点的人也不要自卑，因为对方也需要你。

●演变七：木桶储水的多少还取决于各块木板的厚度。

这一点容易被忽视却非常重要，如果木板的厚度不够，那么水桶的直径越大，木板越长，情况就越危险。为什么呢？我们可以将企业员工的技能看成是木板的长短，员工的品德看成是木板的厚度。这样你就很容易理解了，对一个企业来说，企业（组织）的发展不仅仅是看它拥有多少有能力的员工，更要看它拥有多少品德与才能都较为优秀的员工。品德就是厚度。如果没有品德，那么这个员工对企业的损害程度与他的技能将成正比。所谓无德之人，才能越出色，对团队的危害就越大。

◎ 去除"短板"，才能提高整体效益

显而易见，短板是我们每个人都不想看到也不想有的。对公司来说尤其如此。一个公司要想成为一个结实耐用的水桶，装进更多的水，得到更高的效率，首先当然要想方设法提高所有板子的高度。只有让所有的板子

都维持在“足够高”的高度，才能充分体现出团队精神，完全发挥团队的作用。如果一个人或一个组织存在致命的短板，他的强项无论多优秀，可能都会因为这一短板的存在，让自己的事业鸡飞蛋打。

案例1：

德国史诗小说《尼伯龙根的宝藏》中，有一位屠龙英雄齐格飞，他英勇无比，力量过人，经过激烈搏斗，杀死了尼伯龙根岛的恶龙，用龙血沐浴全身后，成了刀枪不入的金刚之身，可是因为当时他的后背沾了一片菩提叶，没有沐浴到龙血，这就成了他身上唯一的致命之处。后来，敌人想尽一切办法，终于从他的妻子葛琳诗那里得到了这一秘密，在交战中用长矛刺入齐格飞的致命之处，最终夺去了英雄的性命。

案例2：

希腊神话中，也有一位著名英雄——战神阿喀琉斯。阿喀琉斯是希腊神话中的头号英雄，他的母亲是海神的女儿忒提斯。传说他出生后，母亲白天用神酒擦他的身体，夜里在神火中煅烧，并且提着他的脚跟把他浸泡在冥界的斯得克斯河中，使他获得了刀枪不入之身。但是因为在河水中浸泡时他的脚跟被母亲握着，没有被冥河水浸过，所以留下全身唯一可能致命的弱点。阿喀琉斯长大后，在特洛伊战争中屡建功勋，所向无敌。后来特洛伊王子帕里斯知道了阿喀琉斯这个弱点，就从远处向他发射暗箭。帕里斯是位神射手，很多希腊英雄如克勒俄多洛斯等都死于他的箭下，因此这一箭正好射中阿喀琉斯的脚跟，于是这位大英雄瞬间毙命。

这表明什么？强者总有自己的漏洞，只是在他春风得意时，别人难以发现。可如果他自己对此没有意识，不去及时弥补，那么早晚有一天会倒在这上面。

现在，在这个充满激烈竞争的年代，越来越多的管理者已经意识到，只要组织里有一个员工的能力很弱，或者站在他不适合的位置上，无法做出应有的贡献，就足以影响整个组织达成预期的目标。很小的因素就会造成团队的失败，损害整体利益。而我们要想提高每一个员工的竞争力，并将他们的力量有效地凝聚起来，最好的办法就是改掉他们的缺点，提升他们的综合能力。

当然，我们想要完全克服最薄弱的环节是不可能的。因为按照木桶定律，我们的薄弱环节是必然存在的，而且永远存在。一根链条总会有一节比其他的环节要薄弱一些，尽管它可能比另一根链条中的任何环节都强。强弱只是相对而言的，因此也是无法消除的。

问题在于，你容忍这种弱点到什么程度。如果它已成为阻碍工作的“瓶颈”，表现为一种无法容忍的症状，对此你就不得不有所动作了。

对组织来说，去除无法容忍的短板的最好方法，就是培训。

在美国，仅在2005年，企业花在员工培训上的费用总额就达到了114亿美元，比如被誉为美国“最佳管理者”的GE公司总裁麦克尼尔就宣称，GE每年的员工培训费用就达到了5亿美元，并且还将成倍增长。惠普公司的内部有一项关于管理规范的教育项目，仅仅是这一个培训项目，研究经费每年就高达数百万美元。他们不仅研究教育内容，而且还研究哪一种教育方式更易于被人们所接受。花费这么大代价的目的，就是为了去除公司的短板，增加“容水量”。

在培训中的要点是，想提升整体绩效，除了对所有员工进行培训外，关键是要注重对“短木板”也就是非明星员工的开发。强者不需要重点培训，甚至他们会自己去提升（他们拥有这方面的雄厚经验和自信），需要关注的是“短板员工”——他们不但能力欠缺，而且不知道提升的方法，也没有自信心。

现在很多公司有时都更注重对“明星员工”的利用和培训，而忽视了对一般员工的利用和开发。这种情况是不对的，会使木桶定律更加发挥作用，短板法则无限度地起到对团队的负面影响，如果将过多的精力关注于“明星员工”，而忽略了占公司多数的一般员工，特别是那些渴盼关注的“短板员工”，一定会打击团队的士气，从而使“明星员工”的才能与团队合作两者之间失去平衡，造成两者的离心。

在华讯公司有一名员工，由于与主管的关系不太好，工作时的一些想法不能被肯定，成了公司的“短板”，他每天都忧心忡忡、兴致不高。刚巧，摩托罗拉公司需要从华讯借调一名技术人员去协助他们搞市场服务。于是，华讯的总经理在经过深思熟虑后，决定派这位员工去。这位员工很高兴，觉得有了一个施展自己拳脚的机会。去之前，总经理只对那位员工简单交代了几句：“出去工作，既代表公司，也代表我们个人。怎样做，不用我教。如果觉得顶不住了，打个电话回来。”

一个月后，摩托罗拉公司打来电话：“你派出的兵还真棒！”“我还有更好的呢！”华讯的总经理在不忘推销公司的同时，着实松了一口气。这位员工回来后，部门主管也对他另眼相看，他自己也增添了自信。后来，他对华讯的发展做出了非常大的贡献。

这个例子就表明，我们如果注意对“短板员工”的激励，不但可以使“短板员工”慢慢成长，成为“明星员工”，而且还能够提高公司的总体实力。但是反之，如果当初华讯公司将歧视的态度保持到底，该员工在成长之后，就不会再回来了，反而会留在摩托罗拉工作，成了华讯公司的劲敌。

这向我们表明，木板的高低与否，有时候不是个人问题，而是组织的问题。

我们再举一个海尔的例子。在世界家电市场，可谓强手云集，百家争雄，然而海尔却能一步一个脚印地跑在领跑阵营，始终处于最前端。它凭的是什么？海尔的资本不比别人雄厚，引进的国际人才也并不比别人多，人才素质不比别人高……论资金实力，尖端人才的数量，海尔都比不过日欧那些知名企业。但是最关键的在于，海尔并不凭借“长木板”取胜，而是依靠团队力量。也就是说，海尔没有“短板”，对“短板”的提升和弥补工作十分到位，于是其整体绩效不比任何“高木板”差。

所以，我们在加强水桶盛水能力的整个过程中，不要把“长板”和“短板”简单地对立起来。每一个人都有自己的“短板”，与其不分青红皂白地赶他出局，不如发挥他的长处，把他放在适合他的位置上，并且制定适合的方案，弥补他的弱点，消除整个组织的短板，从而使整体的实力得到巩固。

◎ 木桶理论的应用

除了组织的用人之外，木桶定律在其他方面也有更加广泛的用途，比如企业的销售能力、市场开发能力、服务能力、生产管理能力等方面，只要我们重视起来，同样有效。进一步说，每个企业都会有它的薄弱环节。正是这些环节使企业许多的资源闲置甚至浪费，发挥不了应有的作用。“短板”并不只是在人的作用上体现，同样在制度和文化上也有非常深刻的影响。

比如，我们在生活和工作中常见的互相扯皮、决策低效、实施不力等不良现象，发生在企事业单位中，都会严重地影响并制约着组织效率。

因此，一家公司要想做好、做强，不但在用人上需注意，在产品设计、价格政策、渠道建设、品牌培植、技术开发、财务监控、队伍培育、文化理念、战略定位等各方面都要一一做到位才可以。

任何一个环节的薄弱，都有可能导致企业在竞争中处于不利位置，最终产生失败的恶果。

当然，过分地强调木桶定律，也是一种极其教条的思想和做法，处理不当，也将会导致商业运作和管理的失败，甚至是我们个人在人格和人生上的失败。为什么这样说呢？因为如果你过分地强调木桶定律，眼睛只盯在“短板”上，只顾想尽办法提高“短板”，耗费了大量的时间、精力和成本，结果却收效甚微。不但短板没有提升，就连长板也被忽略了，最后就算你缺点没改掉，优点也没了。

这就是木桶定律的误区。人无完人，世界上的每一个人都有自己的优点和缺点，不可能完美，无所不为、十全大补的人是绝对没有的，都有自己的不足之处。很多人看到了自己的缺点，就认为这是自己的“短板”，好像不改掉就没法活了一样，花费大大的精力和时间去抹平或者改善，结果收效甚微，甚至在这种盲目和急切的改变中迷失了自己，不知道自己到底是谁，应该成为谁，连仅有的一些优点也找不到了，那就叫作芝麻没捡着，也丢了西瓜。

无论是企业还是个人，短板都是尽可能要改掉的，只是在实施过程中要头脑清醒，清楚地知道哪些是自己做得到的，哪些是自己做不到的。比如对个人来说，虽然“万事皆有可能”，但人的性格有很多特质是根深蒂固的，是一种灵魂的烙印，是不可能或者不太可能真正改变的。换句话说，有些短板看似是缺点，实质是心灵的某些特点。如果你误判了，以为是自己的弱项，就拼命在这些特质上寻求改变，那将是非常困难和愚蠢的一件事情。浪费时间和精力，最后也是一事无成。

遇到这种情况，我们最好的做法就是，与其竭尽全力地改变自己的某些所谓的缺点，不如最大限度地发挥自己的优点。只要“短板”所造成的损失和伤害以及风险是可以控制的，那么极力地发挥优点（长板）将是更加行之有效的方法。改善缺点是盾牌，是防守，而发扬优点则是利剑，是进攻。我们应该配合使用，不可执于一端。

◎ 认识自身短板，创造美好人生

• 水桶效应的扩展 •

1. 提高专业技能，使自己具备和别人合作的资本和资格。

2. 提高交际能力，使别人愿意接受你。

3. 让自己的心胸再宽广些，这样可以多看别人的优点，多检讨自己的缺点。

4. 保持足够的谦虚，骄傲自大不利于合作。

5. 重视、尊重别人，要对别人寄予希望。

6. 要多赞美别人，不要担心功劳被别人抢走。

7. 要敢于承担责任，这样会得到更多的机会。

• 如何弥补必要的短板 •

第一，做好人生的职业规划。

事后弥补短板，只是亡羊补牢，最好的避免短板的方法，则是在职业规划之初或者计划之始，就做好详细的预案，进行针对性的训练。台上一分钟，台下十年功。与其盯着那一分钟后的检讨，不如抓住台下的十年功，在上台之前就把自己的能力修炼得尽可能全面。

就像找工作，一定要先择业再就业，不要盲目地为了就业而就业。否则，你进了职场才发现，原来自己全身都是短板，那时可就麻烦了。具体来说，就是要有明确的职业规划，即针对个人自身的性格、能力、特长、兴趣、潜能等情况，根据市场的行业发展与从业准则，对自己的特点进行分析和测定，制订相应的计划，使自己成为一个容水量最大的木桶，带着自信走进职场。

第二，参加技能培训为自己充电。

一旦需要亡羊补牢，也就是说在发现短板之后，培训充电是非常及时的办法。我们可以选取适合自身情况和实际发展的培训方式，快速弥补自身发展的短板，改正缺点，同时强化优势。在现今的职场中确实有这样的一个规律，如果一个人缺乏持续的学习，他极可能会因为知识结构的老化而面临淘汰的尴尬境地。再优秀的人，也会逐渐出现相应的短板；再强势的长板，也会随着时间的推移，慢慢地成为跟不上形势的短板。为避免这种情形的发生，有意识地"充电"提高自身职场竞争力，是突破"瓶颈"、增加容水量的一种有效的手段。

说到对于短板的弥补，我们可以看一看美国总统罗斯福的例子。他就是一个有着致命短板的人。他小时候是一个胆小、脆弱的学生，在课堂上总是心慌意乱、胆小如鼠，有时候他甚至连正常呼吸都好像喘大气一样。一旦被喊起来背诵，立即就会双腿发抖，嘴唇也颤动不已；回答问题时更是含含糊糊，吞吞吐吐，前言不搭后语。

然而，他没有因为同伴对他的嘲笑而自卑。没有一个人能比罗斯福更了解自己，他清楚自己身体上的种种短板。他勇敢地用行动来克服先天的致命短板，甚至凡是他能克服的缺点他都克服！后来，他竟然能够当众演讲。虽然他的演讲没有什么惊人之处，也没有洪亮的声音或是威重的姿态，也不像有些人那样具有惊人的辞令，然而在当时，他确实是重要的演说家之一。

罗斯福在自己的致命短板面前没有退缩和消沉，而是充分、全面地认识自己，在意识到自我短板的同时，能正确地评价自己，在困境之中顽强抗争，不因缺憾而气馁，甚至将它加以利用，变为资本，变为扶梯，从而登上了名誉的巅峰。

• 自身的特长不容忽视 •

水桶定律提醒我们，弱项很容易拖累整体的全面发展，所以需要加以弥补；不过，如果过于专注对短板的加长，也极其容易让我们忽略自身的特长。因为我们如果把过多的精力用于弥补短板，就可能无暇顾及发挥自身的优势，使优点处于一种得不到重点“资源”投入的冷冻状态。有时候，如果能集中优势把某一项做精学专，反而更容易成为某一领域的专家。

倘若我们换一种思维，将那些弥补短板的时间和精力用于本身喜欢的、擅长的地方，效果会怎么样呢？是不是能够达到事半功倍的作用呢？结果可能会大不一样！也就是说，在拿出资源去提升短板的同时，我们自身的特长也不容忽视。强项应该变得更强，让你自己变得更加强大，因为这可能就是你今后立足于这个社会的根本。同时，再在这个基础上去加长短板，效果才会更好。

比如爱因斯坦，他在小时候功课平平，不被老师喜欢，同学都说他是笨蛋，教他希腊文和拉丁文的老师还公开骂他长大后肯定不成器。但他对数学、几何和物理有着浓厚的兴趣，最后，他凭借自己在这方面的优势和努力，最终成为世界伟大的物理学家。

所以，我们应该辨证地看待木桶定律，因为每一个人都有自己的优点和缺点，如果判断失误，或者走极端，只顾想尽办法提高短板，结果可能耗费大量的时间和精力，依然收效甚微。就像世界知名心理学家克利夫顿曾经说过的：“判断一个人是不是成功，最主要是看他是否最大限度地发挥了自己的优势。”

大凡成功的人，他们都善于挖掘自身优势并将其极致地发挥，然后再去弥补短板。每个人最大的成长空间，其实都在于他最强的优势领域。最好的状态是：短板不短，长板却是第一名。如果你能做到这一点，你就离成功不远了！

第 10 章

罗森塔尔效应

◎神奇的罗森塔尔效应

◎罗森塔尔效应的因和果

◎罗森塔尔效应的运用：赞美和激励

◎罗森塔尔效应的言外之意

◎ 神奇的罗森塔尔效应

人的期待会产生多么巨大的力量？罗森塔尔效应充分向我们证实了这一点。它是由美国著名的心理学家罗森塔尔和雅各布森在小学教学的课程中予以验证并且提出，亦称为“期待效应”或者“皮格马利翁效应”（Pygmalion Effect），以及“毕马龙效应”或“比马龙效应”。

这跟一个国王还有关系，相传在古代的塞浦路斯岛，有一位年轻英俊的国王叫皮格马利翁，他精心雕刻了一具象牙少女像，对她十分欣赏和迷恋，每天都含情脉脉地凝视着，幻想和她发生一些美丽的故事。日复一日，年复一年，这种无限的深情和强烈的渴望，终于使这个象牙制品的“少女”活起来了，成为一个活生生的美丽女子出现在他的面前。最后，两个人结为了伉俪。

这种由于真诚期待而出现的现象，其中的神奇力量让人们赞叹不已，因为它超出我们的控制，是一种不可控却真实存在的现象。

从本质上讲，罗森塔尔效应为我们发现了暗示的力量。就是说，暗示在本质上是人最重要的情感和观念，每个人都会不同程度地受到别人下意识的影响。会不自觉地接受自己喜欢、钦佩、信任和崇拜的人的影响和暗示。而这种暗示，正是让你梦想成真的基石之一。这一效应也被总结为："说你行，你就行，不行也行；说你不行，你就不行，行也不行。"

在具体的应用上，这种暗示又分为主动与被动的期待、赞美、激励和刻意的心理保护。一旦我们开启这扇神秘的力量之门，许多意料之外的事情就会发生，影响我们的生活！

• 满怀期望的激励 •

当人们满怀期望，相应的激励就会起作用。对于某个人或某件事始终怀着憧憬、期待、热爱、关怀之情的心理作用，常会让事情发生意想不到的改变，或者变得更好，或者变得更坏。

对此，罗森塔尔教授在动物与学生中分别做了实验研究，结果证实了这一效应的存在，并且揭示了内里产生的机制。他的实验是这样的：

罗森塔尔把一群小老鼠分成两个小组。A 组交给一个实验员，并告诉他这一群老鼠属于特别聪明的一类，好好训练；B 组交给另一个实验员，告诉他这是普通的一群老鼠。两组"人为界定"的老鼠出现了。

两个实验员分别对这两组老鼠进行穿行迷宫训练。对老鼠来说，走出去就会获得食物。但是在走出去的过程中，它们会经常碰壁，必须要有一定的记忆、一定的智力、较聪明的老鼠才有可能先走出去。实验结果发现，A 组老鼠比 B 组老鼠聪明得多，都先走出去了，B 组老鼠则果然如罗森塔尔讲的，以较慢的速度完成了实验。但事实上，这两组老鼠都是普通的老鼠，只是罗森塔尔教授在告知实验员时，对他暗示了有"聪明"与"不聪明"之分。于是，实验员采取的方法与对老鼠的期待就有了不同，从而造成了奇妙的结果，与罗森塔尔预言的一模一样。

随后，实验被罗森塔尔等人同样地应用于对学生的研究之中。1968

年，他在美国的一所小学开始了他的检验之旅，他从一年级至六年级各选3个班，对这18个班的学生做了一番“煞有介事”的预测他们未来发展的测验，然后以极为赞赏的口吻，将“最有发展前途”的人员名单悄悄地交给校长和有关老师，并一再地叮嘱：千万保密，不要告诉这些学生，否则会影响实验的正确性。

8个月后，他开始进行复试，奇迹出现了，名单上的学生个个成绩进步都很快，情绪活泼开朗，求知欲旺盛，与老师的感情特别深厚，最后他们大都成了名副其实的优秀生。

在暗示的作用下，本来站在一个水平线上的学生，竟然有了实质的优劣之分。在暗示的心理影响下，老师和校方尽管没有公布名单，但他们在实际的授课中，还是将自己对于“名单人员”的喜爱体现了出来，让这些学生从中得到了更多的自信和鼓励，变得更加努力。那些不在名单之列的学生，则没有这些待遇，因此他们始终按正常的轨道前进，成绩慢慢就有了区别。

当你满怀期待时，罗森塔尔效应就迈出了第一步。虽然它并不一定会在第一时间起到作用，但潜移默化的心理影响，一定会埋下一颗慢慢成长的种子，改变你做事的态度甚至对待人生的心态，进而将你推向另一条道路。

期待的力量有多强大？假如有两个人，一个是A，一个是B。两个人在10岁时发生了一番对话。A对B说：“我会对你负责的。”于是50年后可能他们一起在院子里晒太阳，聊家常，不是夫妻就是好朋友；A对B说：“我相信你会成功的。”于是若干年后，B君可能跻身富豪榜前列；但假如A对B这样说：“那件坏事一看就是你干的，只有你才会这么缺德。”于是多年后，B被关在不见天日的铁窗里。

看到了吗？有时候一句话、一个动作，你就会给别人的人生指引不同的方向。

发明大王爱迪生的故事格外有代表性，小时候，他是出了名的“笨小孩”，小学仅仅上了3个月就被开除了，理由是他的“智力实在低下”，人们瞧不起他，老师用鄙视的眼神对待他，小伙伴当然也不爱跟他玩。

他很沮丧，但他的母亲则坚信，自己的孩子绝不会是傻瓜，她经常对爱迪生说：“儿子，你肯定要比别人聪明，对这一点我是坚信不疑的，你比任何人都拥有更多的智慧，做什么都会最出色，所以你要坚持自己读书。”爱迪生得到了母亲的鼓励，信心大增，他认为自己就是最好的，因为母亲向来就是“正确”的化身，她说我比别人聪明，我当然就是最聪明的了！

在母亲的期待和激励下，他经过不懈的努力，哪怕失败一千次都没有失去信心，终于成了伟大的发明家。我们今天所享受的电灯、电影、录音机等都受惠于爱迪生的发明，当然，也是受惠于爱迪生的母亲——她在无意中运用了罗森塔尔效应所产生的期待的神奇力量。

类似的积极案例还有很多。但是当期待变得相反，不是激励而是毁灭信心时，罗森塔尔效应依然有效，只不过是将人推向阴暗面。比如人们对少年犯罪儿童的研究表明，许多孩子成为少年犯的原因之一，就在于大人对他们不良期望的影响。他们因为在小时候偶尔犯过的错误而被自己、家人或老师贴上了“不良少年”的标签，不但不去鼓励他们的信心，反而施以心理打击，这种消极的期望引导着他们做得更糟糕，因为孩子越来越相信自己就是无可救药的“不良少年”，既然无可救药，那么我何必再去努力？就去犯更多的错好了，小错误开始变成大错误，最终走向了犯罪的深渊。

当他们做了更出格的事情时，家长怎会想到，造成这一切的根源，竟然是自己在孩子7岁时一句不经意的冷嘲热讽？

“有比你更笨的吗？没有，你是最蠢的了！”

“如果天底下只有一个傻瓜，那就是你，别做这件事了，因为你根本做不好。”

“你不是一个合格的丈夫，没有女人会爱上你。”

诸如此类，当这些灰色的期待不断冲击一个人的内心时，他会慢慢变得恰如此言：

本来很聪明的孩子在不久的将来，真的成了一个什么事都做不了的蠢人。

本来能做成的事情，也因为这样的评语让他望而却步，根本不敢尝试。

本来可以当一名好丈夫的男人，从此变得花天酒地，玩弄女人，成了让人厌恨的花花公子。

由此可见，该效应会对我们的生活产生多么积极或者消极的影响，但是我们千万不要盲目地相信它，完全地被它所左右。保持冷静的态度，只去靠近它积极的一面，生活才能变得更加健康和美好。因为外界的鼓励或是批评是每个人都必须要面对的问题，如果你总是因为别人的态度而改变自己的话，缺乏了思维独立性，丧失了自我判断力，那你就永远无法成熟。

◎ 罗森塔尔效应的因和果

为什么在以理性见长的人类社会能够发生这种神奇的效应呢？

据罗森塔尔分析，主要有如下的 4 个社会教育心理机制在起作用：

第一是气氛：对他人高度的期望而产生了一种温暖的、关心的、情感上的支持，造成了一种良好的气氛；

第二是反馈：教师对寄予期望的学生，不自觉地给予了更多的鼓励和赞扬；

第三是输入：教师向学生表明对他们抱有高度的期望，然后会尽更大的努力指导他们，对学生提出的问题给予启发性的回答，并提供极有帮助的知识材料；

第四是鼓励：对所期望的学生，教师总给予各种各样的鼓励，不断让他们朝期待的方向发展。

因为这4种原因的出现，心理上的暗示变成了一种实质的支持力量，推动了学生加速进步。

此外，我们认为，产生罗森塔尔效应的原因并非单纯的，还有一些非常关键的因素：

一、期待者本身的威信。

期待者的威信可以给被期待者以更大的信心，比如母亲的鼓励，老师的赞扬，代表着权威符号的暗示力量，让他们更加自尊、自信、自爱、自强。权威的判断在人们的常识中，总是具有信服力的。老师认为一个学生很有前途，学生本人会感到非常高兴，并对此深信不疑，但如果是一个罪犯或街头混混这样说，学生就会得出相反的判断：我肯定不是好学生。

因此，一般而言，期待者的威信越高，越容易产生罗森塔尔效应。这向我们表明，凡是领袖的暗示力量，均威猛无比，希特勒之所以能发动世界大战，日本天皇之所以能让日本全民皆兵成为侵略思想的信徒，与他们首先确立了自己的权威是分不开的。当他们在本国具备独一无二的权威时，即便他们说月亮是水做的，经过潜移默化的灌输，他的信徒们也会纷纷相信。

二、所期待结果的可能性。

一般来说，所期待的结果经过估量后，自认为实现的可能性较大，而且这种期待结果对自己又是有意义的，是一种积极的状态，或可以改善自己的生活，或能够得到某些实际的受益、长远的收获，那么，对此人来说，罗森塔尔效应产生的可能性就很大。

这表明，对一个良好结果的过度期待，能够改变事情并改变自己，挖掘他的自身潜力，全力去做好这件事，爆发出惊人的力量。

三、这一效应是按照“憧憬——期待——行动——感应——接受——外化”的机制产生的。

期待和暗示并非一经产生就催化出结果，而是有一个相当复杂的过程。也就是说，期待者对于期待对象产生美好的憧憬，并成功出现具体的期待结果，并不是轻易就能实现的，人们还要为这种期待付出具体的、努力的实践，如给予对象积极的评价、肯定、表扬、帮助、指导等行动，使被期待者感受到期待者对自己的特殊的关怀和鼓励，并且从内心上接受期待者的种种爱心和帮助，同时做出相应的努力，把他自己内在的潜能激发出来，然后达到期待者所期望的结果。

这属于潜能催发的范畴，打铁还需自身硬，我们对一个人的期望再高，评价再好，如果他想实现你的期望，归根结底还需要自己做出努力。一个学生被家长和老师寄予极高的期望，大家都认为他是一个好学生，将来能考上清华或北大，但若他自己不努力，甚至因为“权威的赞誉”就沾沾自喜，放松了前进的脚步，结果也只能是失败，事情很可能会向相反的方向发展。

但当他接受期望，感应到期待的积极力量，并转化为积极行动时，罗森塔尔效应就会像我们预料的那样帮助事情走向正确的结果。所以有人对这种效应做了一副对联：

上联：说你行，你就行，不行也行；

下联：说不行，就不行，行也不行；

横批：不服（扶）不行。

这其实就是暗示的力量。

心理暗示在本质上，是说人的情感和观念，会不同程度地受到别人下意识的影响。我们为什么会不自觉地接受别人的影响呢？因为一个人的判断和决策过程是由人格中的“自我”部分在综合了个人需要和环境限制之后才做出的。这种决定和判断就是我们常说的“主见”。一个“自我”比较发达、健康的人，通常就是我们所说的“有主见”“有自我”的人。这样的词汇，我们经常用来称赞他人，或者老师和父母也会用来表扬我们。然而，人不是神，没有万能的“自我”，更加没有完美的“自我”，所以“自我”并不是任何时候都是对的，它也会犯错、松懈，即便再坚强的人，他也并不总是“有主见”的。

于是，“自我”的不完美，以及“自我”的部分缺陷，就给外界的影响留出了空间、给别人的暗示提供了机会。用一句俗语来说，就是“苍蝇不叮无缝的蛋”。

暗示存在它的两面性，它并非一直起到积极期待的作用，同时也有负面的影响，而且很多时候，并不总是积极的暗示容易得手。我们发现，人们会不自觉地接受自己喜欢、钦佩、信任和崇拜的人的影响和暗示，这是积极的暗示，使人们能够接受智者的指导，作为不完善的“自我”的补充。这种积极作用的前提，就是一个人必须有充足的“自我”和一定的“主见”，他本身应该是独立的、拥有积极期待的个体，外界的暗示作用应该只是作为对于他的“自我”和“主见”的补充与辅助。他内在的力量是主干，外在的暗示是枝叶或必要的营养，然后他才能茁壮成长，并成长得更快。也就是说，虽然表面上看有些积极暗示似乎起到了决定性的作用，但在实质上，积极暗示对被暗示者的作用，就像是一种“画龙点睛”。换句话说，如果你不是那块材料，再多的积极暗示也是无济于事的，就算别人在你耳边说破了天，也没什么作用。

同时，消极的暗示反而更容易占据一个人的内心主导地位，成为他内在成长力量的主干。这是因为心理暗示发挥作用的前提是“自我”的不完善和缺陷，而大部分人的“自我”却非常虚弱和幼稚，判断力差，容易盲从，听信他人或权威的判断，所以消极的暗示力量总能轻易占领人们的“自我”。

• 积极的暗示：说你行，你就行 •

我们知道，使人增加力量、勇气、快乐和信心的是积极暗示，这是我们对罗森塔尔效应的积极期待，每个人都希望利用这一作用，使自己或事情做得更好。

在教育方面，它的运用非常广泛。比如在亲子教育中，家长对孩子的鼓励举足轻重。“如果这样做，那就更好了，你一定行的，宝贝！”当孩子做得不对时，家长就要用这样的迂回方式去提醒他“可以做得更好”，而不是“你现在做得很差。”当客人来了，交谈到孩子时，父母也可以悄悄地说：“这小家伙不错，经常帮我们干一些活儿，他很机灵，将来会有出息的……”

这种话，我们一般不要对孩子讲，但又要故意让在一边玩的孩子听到一句半句，以起到“真实”的效果，孩子的心里一定很甜蜜，他会顿时增添希望和动力，他的成长会被注入一股积极的活力。

积极的暗示对于人的潜能发挥和事业的发展都极为重要，那么我们如何进行积极性暗示呢？

1. 暗示的句子应该简单有力，不要太长。比如：我很健康！我很聪明！我很精干！我一定会成功！反复对自己强调，并形成一种强力的自信。不要对自己这样说：“我要好好学习，每天抽出 2 个小时学外语，学好外语可以出国，干一番事业，挣一笔大钱。”因为到最后你什么都没记住。在期待于他人时，简短同样是基本原则，短句表达的信息更容易让人迅速接受。

2. 积极的暗示语要从正面说，不可拐弯抹角。因为人的潜意识不喜欢拐弯抹角。比如，“我的工作不应该干成这个样子，应该干得更好”。这样讲的效果就不会太大，说了等于没说，因为谁清楚自己犯了错或者没做好，你再怎么重复，也只是进一步打击他或自己没做好事情的沮丧心理罢了。你应该说：“我的工作很棒！”“我的工作很出色！”下一步怎么样呢？“我会更出色，比今天还要好！”

3. 不要模棱两可，要明确无误，没有任何歧义。我们应该杜绝“也许”“可能”这样的词汇，而是使用“一定”“必然”等确定无疑的词语。否则，如果潜意识本身对你的鼓励产生怀疑，罗森塔尔效应就难以起到期待中的作用。

4. 暗示要有可行性。也就是说，积极的暗示语，要考虑到是否符合自己的实际情况和内外环境的条件，是否经过努力就可以办到。如果经过再大的努力都无法实现，或者内外环境的条件根本不允许的事情，就不要去暗示。

不切实际的暗示反而会起到相反的效果，让人因为无法完成目标产生自暴自弃的心态，从而生活得更加糟糕。错误的暗示也可能会诱导对方或自己做出不正确的选择，这都会走向事情的反面，均是需要警惕的。所以在暗示时，我们最好暗示自己一个比较轻易或难度不大的近期目标，这个目标实现了，再暗示下一个目标。谨记这一点，不要一次性暗示太远了，因为太远了，就容易脱离现实。脱离现实的心理暗示，再怎么积极也是无效的。

5. 暗示需要注入情感。没有情感的期待，等于一通白话，一碗白开水，就是说得天花乱坠，别人也一点感觉都不会有。所以无论你是对自己的期待，还是对他人，当暗示语确定下来后，我们要使自己或帮助对方用想象力去配合，调动本身的情感因素去体验事情成功后的感受。例如，我们可以想象自己成功之后，站在领奖台上的那种心情和感受，以此来强化暗示语，使想象更加逼真，使暗示语以更大的力量进入自己或对方的潜意识，在内心稳固下来。

• 常用的积极性暗示语 •

在我们利用暗示语进行积极期待时，要结合自己的情况而定。我们的近期目标是什么，就暗示什么。想在哪一方面获得成功，就在哪一方面进行暗示。为了便于大家实践操作，我们特意介绍一些常用的暗示语。

希望增强自信时：

我才能出众！我精力充沛！我很能干！我处事果断！我是独一无二的！我很帅！我很漂亮！我现在的感觉很好！我的心情极佳，没有什么事能难倒我！

希望改善人际关系时：

我待人很诚恳，一定会收到好的回报！我光明磊落，别人不会误会！我喜欢赞美别人！我能够宽容别人！我待人慷慨大方，这是我最大的优点！我谦虚待人！我信守诺言，珍惜友谊！我很受大家欢迎，这已经得到了证明！

希望提高工作效率时：

我说干就干，没人比得过我的速度！我当机立断，拥有决断力！我惜时如金，对时间的利用很有效率！我很勤快，办事效率高！

当你遇到难题时：

我一定能解决这个问题，这对我来说很容易！我肯定能找到解决问题的办法，办好这件事！对我来说，没有解决不了的问题，因为办法总会有的！

当你遭遇失败时：

我下次一定能成功！失败没关系，这让我增长了见识，丰富了经历！我从中得到了经验，这是好事！我得到了锻炼，收获很大！

你希望自己的智慧可以独当一面时：

我智慧出众，头脑聪明！我记忆良好，富有创造性！我想象力丰富，无所不能！我一定能解决这些问题，实现最好的业绩！

你希望成为一名高级管理人才或者专家学者时：

我是一个非凡的人物，能够成就大业！我是一名优秀的管理人员，经验丰富！我是一名出色的设计人才！我是一名出色的研究人员，已经有了相当的学术积累，现在到了该爆发的时候！

你希望自己成为一个健康的人时：

我很健康，身体一天比一天强壮！我喜欢运动，是体育锻炼的好手！我精神愉快，心情舒畅，生活幸福，身体一直从中受益！

你希望有一个幸福的家庭时：

我家庭很和睦，充满欢乐的气氛！我的家庭和谐美满，大家都很好！我爱我的家，家人很喜欢我，他们都爱我，我也爱他们！

• 消极的暗示：说你不行，你就不行 •

暗示当然也有消极的方面，像上面我们讲到的，就是容易受人操纵和控制。心理暗示发挥作用的前提是“自我”的不完善和缺陷，那么，如果一个人的“自我”非常虚弱和幼稚的话，他的抵抗力差，没有主见，缺乏判断力，他的“自我”就很容易被别人的“暗示”占领和统治。

凡是容易被消极暗示左右的人，他们的人格本身对外界存在着严重的依赖倾向，总是依靠外界的力量生存。

你有过这样的经历吗？本来你穿了一件自认为是很漂亮的衣服去上班，结果好几个同事都说不好看，当第一个同事说的时候，你可能还觉得只是他的个人看法，但是说的人多了，你就慢慢开始怀疑自己的判断力和审美眼光了，也觉得这件衣服实在太丑。于是到了下班后，你回家做的第一件事就是把衣服换下来，并且决定再也不穿它去上班了。甚至你会在单位就把它脱下来，不惜请假也要换一件大家认为不错的衣服。

这就是消极的心理暗示在起作用，它往往会使你不自觉地按照他人一定的方式行动，或者不加批判地接受一定的意见或信念。“说你不行，你就不行。”你的判断在别人看来是错误的，如果你信了，你就觉得自己实在很无能，什么都做不好，只有别人的话是对的，你全盘接受对方的意见。

下面是一些常见的消极暗示：

你办不到的。

你这个没有出息的家伙。

你不能这样做！

你这个失败者。

这怎么可能呢？

你错了。

没用的。

关键不在于你的能力有多强，而在于你的关系有多硬。

经济形势真是糟透了。

有什么意义呢？反正也没人在乎。

这么努力干吗？

你已经老了。

事情越来越糟糕了。

生活的磨难真是无穷无尽啊！

你输定了。

当心，别让自己生病了，你现在的健康出现了问题！

人心隔肚皮，千万不要相信任何人。

这些话总是频繁出现在我们的生活中，由不同的人在你的耳边抱怨和唠叨。如果你相信了上述这些消极暗示的话，你的生活就一定会变得如此，即便本来情况很好，你也会变得消极悲观，生活一团糟糕。

如果你还是一个孩子，处在这样的环境中，前途可想而知。如果你的长辈这样教导你，你一定别无选择，只能接受它们。在这样的观念下长大，你的意识和潜意识都处在多么可悲的状态之中啊！很多小孩，他们之所以染上悲观的性格，长大后一事无成，成为平庸之辈，就是因为他们长期浸染在这样的环境中，不断地接受着大人消极的暗示和“否定”。父母说：“你真不行，做什么事都很差劲。”本来你准备好好地复习，争取下一次考一个好成绩。听到这句话，你可能很快就放弃了，下一次依然考得不好。

有时，我们随便拿起一张报纸或者转到某个电视频道，都会发现无数消极的新闻报道：地震、核辐射、海啸、战争、飞机坠毁，这都是无比巨大的消极暗示。这些报道会不断在你心中播下焦虑的种子。如果你的抵抗力差，就会寝食难安，如临大敌，对世界感到没有希望。你的内心一旦接受了这些信息，就会觉得生活索然无味，因此充满了悲观和绝望。

但对一个自我强大的人来说，一旦他有效地抵制了这些信息，他就会惊喜地发现，生活向他敞开了通往康庄大道的大门。他完全可以依靠自己内心的力量把这些有害念头拒之门外。而我们需要做的，不过是给自己一些积极的自我暗示而已。这是战胜消极暗示的最有效的方法。

平时，我们要经常性地反思一下，他人都给了你哪些消极的暗示，你是不是很容易就被这些消极的外源暗示所影响到。因为我们每个人从小到大都或多或少地遭遇过这种情况，所以经常地反思和调整十分必要。如果你好好想一下的话，很容易就会回想起父母、朋友、亲人和同事都曾给过你很多的消极暗示。

现在，坐定心神，好好研究他们都对你说了些什么，以及这些话语到底暗示了什么，你就会发现，事情其实不过如此，他们对你发表的那些所谓的消极言论，不过是一种宣传，他们的目的是为了吓到你，然后才能控制你，影响你的生活。

所以，罗森塔尔效应虽然会对你的生活产生积极或者消极的影响，但是我们千万不要盲目地相信它，完全被它所左右。我们可以汲取积极的力量，但对于消极的信息则必须提高警惕。外界的鼓励或是批评是每个人都必须要面对的问题，如果你总是因为别人的态度而改变自己的话，那你就永远也不会成熟。即便是积极的期待，我们也要有选择性接受。

◎ 罗森塔尔效应的运用：赞美和激励

没有人不希望得到赞美和激励，不管他是学生、白领还是家庭主妇。罗森塔尔效应在工作和生活中都有广泛的应用，实质上就是暗示的力量可以成为决定事情成败的关键。如何将暗示的积极一面运用好，是我们需要研究和把握的方向。

• 管理者的工具：赞美 •

在企业的人事管理中，领导需要对下属投入感情、希望和特别的诱导，使他们得以发挥自身的主动性、积极性和创造性，将工作做得更好。比如，管理者在交办某一项任务时，不妨对下属说："我相信你一定能办好""你是有办法的""我想早点听到你们成功的消息"……这样他就会朝你期待的方向发展，积极的结果也就在我们的期待之中得以产生。

这便是人们通常所说的"说你行，不行也行；说你不行，行也不行"。从某种意义上来说，激励和赞美不但能够让下属将事情做好，同时对下属的成长也有一定的帮助。一个人如果本身的能力不是很好，但是经过激励之后，他的潜能可以得到最大限度地发挥，不行也就变成了行；反之则是相反。

小莉在一家外贸公司已经工作 3 年了，国际贸易专业毕业的她在公司的业绩表现一直平平。原因是她以前的上司胡总是一个非常傲慢和刻薄的女人，她对小莉的所有工作都不加以赞赏，反而时常泼些冷水。有一次，小莉主动收集了一些国外对公司出口的纺织品类别实行新的环保标准的信息，但是胡总知道了，不但不赞赏她的主动工作，反而批评她不专心本职工作，后来小莉再也不敢关注自己的业务范围之外的工作了。她觉得，胡总之所以不欣赏她，是因为她不像其他同事一样奉承她，但是她自知自己不是能溜须拍马的人，所以不可能得到胡总的青睐，她也就自然地在公司沉默寡言了。

直到后来，公司新调来主管进出口工作的徐总，新上司新作风，从美国回来的徐总性格开朗，对同事经常赞赏有加，特别提倡大家畅所欲言，不拘泥于部门和职责限制。在他的带动下，小莉也开始积极地发表自己的看法了。由于徐总的积极鼓励，小莉工作的热情空前高涨，她也不断学会新东西，起草合同、参与谈判、跟外商周旋……最后她自己也非常惊讶，原来她还有这么多的潜能可以发掘，想不到以前那个沉默害羞的女孩，今天能够跟外国客商为报价争论得面红耳赤。就因为上司对自己态度的变化，使她的职业生涯发生了根本性的逆转。试想一下，如果胡总一直不走，小莉可能会一直默默无闻地沉寂下去，最后就是一个很平庸的员工，不知什么时候就辞职走人了，事业不可能取得突破。

小莉的变化，就是罗森塔尔效应起了作用。在不被重视和激励，甚至充满负面评价的环境中，人往往会受到负面信息的左右，对自己做出比较低的评价。而在充满信任和赞赏的环境中，我们则容易受到启发和鼓励，往更好的方向努力，随着心态的改变，行动也越来越积极，最终做出更好的成绩。

同样，在学校，罗森塔尔效应的作用更加巨大，通常运用到教师对学生的管理中。教师对于学生要始终充满关爱，多去发现学生身上的闪光点，及时地鼓励，对学生千万不能有任何的歧视心理，绝不可讽刺挖苦学生，哪怕他犯了再大的错误。只有这样，学生才能心情愉悦地学习，健康地成长，在积极的期待中，他的人生才有可能具备比较好的前景。

如果你始终给事物传递一种良性暗示，它就会出现转机，或者变得更加出色；但是，如果你给它传递一种不良暗示，事情往往会真的变得很糟糕，因为不良暗示中包含对人的贬低、歧视，它会让人消极自卑，乃至一事无成。所以有人说："鼓励与赞美能使白痴变为天才，批评与谩骂则能使天才变为白痴。"

美国玫琳凯公司的总裁玫琳凯说："赞美是激励下属最有效的方式，也是上下沟通中最有效果的手段，因为每位员工都需要赞美，只要你认真寻找就会发现，许多运用赞美的机会就在你面前。"

她既是这样说，也是这样做的。凡是在玫琳凯公司工作的员工，生日当天都会收到玫琳凯的一份生日礼物和一张祝福卡；每一个新到公司的员工，第一个月内都会获得玫琳凯的亲自接见；每一个成绩突出的员工，都会受到玫琳凯的格外礼遇。每次她的真诚赞美都会深得人心，这主要得益于她有效的赞美方法，她精通赞美和激励之道。

比如，在她的公司，当每一位员工取得比上次更优秀的成绩时，就会获得一条缎带作为纪念。公司总部每年会举行一次“年度讨论会”，参加的员工都是从公司选拔出来成绩优异的员工代表。在会议中，公司会要求一些代表身穿象征荣誉的红色礼服上台发表演说，介绍他们的成功之道。这既是对他本人的荣誉，也是对其他员工的一种展示和激励，树立了一个榜样。

任何公司的效益都是员工积极地工作所产生的结果，管理者不可能凭借自己的力量将公司发展壮大。如果管理者自以为是，觉得离了自己公司就不能活，通过强权、金钱或者个人魅力来维持企业的运行，那么危机将始终存在，最终崩溃也只是时间问题。要想使员工主动地把工作做好，管理者只有对自己的员工多些肯定、理解与赞美，少些怀疑、批评，他们才会更加尽心尽责，达成你的预期目标。也只有这样，团队的力量才能得到体现。

其实在企业管理和教育之间，这方面是存在相似性的。企业中的上司与下属之间的关系，就像父母和孩子、老师和学生的关系。每一对父母都希望自己的孩子越来越出色，但是这离不开在孩子的成长过程中父母不断的肯定与称赞；每一位老师也都希望学生完成自己交代的学业，但是同样需要老师付出积极的期待和实效的激励。

所以我们应该知道，如果员工的正确行为得不到上司的及时肯定，那么他在向正确的方向迈出更大的步子之前，一定有所顾忌，唯唯诺诺。《一分钟管理》的作者肯·布兰查德对此有很深的研究，他推荐管理者使用“一分钟赞美”，他说：“抓住人们恰好做对了事的一刹那，你经常这么做，他们会觉得自己称职，工作有效益，以后他们很可能不断重复这些来博得赞美。”

有时候，只要一分钟就可以了，这对管理者来说并不难，只要你有心，就可以做到。

问题就在于，管理者是否有这样的意识和信心。身为管理者，要想打磨出优秀的员工，就不可缺少赞美员工的勇气和信心。明智的管理者，他们真诚地欣赏员工的每一次进步，在赞美的过程中，强化员工的长处，弱化员工的短处，在潜移默化中让员工感知正确的做法。只有那些自私和短视的上司，才惧怕员工的成长，不想去鼓励他们，反而对下属进行打压，用诋毁和矮化去压制他们的创造力，消磨他们的工作信心，最后受到损害的其实还是自己。

这就是为什么优秀的老板难寻的原因，大多数的管理者都知道赞美可以产生积极的力量和强大的信念，但少有人知道或重视对员工的行为持续进行赞美的必要性。如果老板将员工平时的勤恳以及他们取得的成绩视为理所当然，而很少向他们表示赞赏时，员工就会从心底里记恨你，很难和你保持利益的一致，关键时刻就不会跟公司风雨同舟。要知道身为职场中人，每个人都想得到上司和老板的肯定，这种肯定在他内心深处会成为驱动他更加积极向上的力量之源。如果得不到肯定，他们的失落之情是溢于言表的。

即便员工犯了错，或者他们有缺点和不足，管理者也应该尽量采取保护员工自尊心和自信心的态度和方法。这就像理发师，他们在给人刮胡子的时候，不会直接上手去刮，而是事先会在对方的脸上涂一些泡沫，这样在刮的过程中，才不会让人觉得疼痛。针对员工的缺点，管理者不妨就把赞美当作“泡沫”，这样会更有利于“剃下”员工的缺点和不足。我们可以先说些肯定之语，再在肯定的基础上，委婉地指出他们的不足，然后帮助他们进行改正。

钢铁大王、成功学大师卡内基说过：“当我们想改变别人的时候，为什么不用赞美代替责备呢？纵然部属只有一点点进步，我们也应该赞美他，只有这样才能激励别人，不断地改进自己。”

赞美就像浇在玫瑰上的水；赞美的话并不费力，却能成就大事。如果你希望自己的生活像花儿一样幸福，就要下决心对自己的亲人、朋友甚至每一个人加以赞美，并把它变成一种好习惯。对我们来说，说一句好话其实轻而易举，只需要几秒钟，但它的功效却是巨大的，有的甚至能够让一个人受益终身。你不要以为赞美只放在心里就行了，每个人都希望亲耳听到。只有说出来才有效果，憋在心里，跟没说是一样的。这是金玉良言。

• 每一个人都有他值得赞扬的地方 •

赞美和鼓励的必要性为什么存在？因为每个人都有他值得称赞的品质，这是引发一个人体内潜能的最佳方法。罗森塔尔效应因此告诉我们，对一个人传递积极的期望，就会使他进步得更快，优秀的品质发展得更好。反之，我们总是向一个人传递消极的期望，则会使他自暴自弃，放弃努力，不但无法发扬优秀的品质，反而使他内心“恶”的一面得到成长的机会。

就像罗森塔尔在学校教育的实验中一样，每个学生都是平等的，他们都有优点，但是受到老师喜爱或关注的学生，一段时间内学习成绩或其他方面都有很大进步，而受到老师漠视甚至是歧视的学生就有可能从此一蹶不振。在企业管理方面，一些精明的管理者懂得如何利用这一点去挖掘员工的优异品质，来激发员工的斗志，从而创造出惊人的效益。

通用电气的前任 CEO 杰克・韦尔奇就是罗森塔尔效应的实践者。他认为，团队管理的最佳途径并不是通过“肩膀上的杠杠”来实现的，而是致力于确保每个人都知道最紧要的东西是构想，并激励他们发挥自己的长处，来完成构想。他在自传中用了很多词汇来描述那个理想的团队状态，比如“无边界”理论、四 E 素质（精力、激发活力、锐气、执行力）等，以此来暗示团队成员：“如果你想，你就可以。”

在这方面，韦尔奇还是一个递送手写便条表示感谢的高手，这虽然花不了多少时间，却几乎总是能立竿见影。因此，韦尔奇说："给人以自信是到目前为止我所能做的最重要的事情。"

对人们来说，自信是什么呢？自信就是：虽然我不是全才，但我总有一方面是做得最好的，至少可以做得很好。只不过，我需要得到鼓励和肯定。

有"经营之神"美誉的松下幸之助也是这方面的高手，他首创了电话管理术，经常给下属包括新招的员工打电话。而每一次，他也没有什么特别的事，只是问一下员工的近况如何。当下属回答说还算顺利时，松下又会说："很好，我希望你好好加油。"

如此一来，接到电话的下属每每都会感到总裁对自己的信任和看重，精神为之一振。许多人在罗森塔尔效应的作用下，勤奋工作，逐步成长为独当一面的人才。毕竟，人有 70% 的潜能是沉睡的，每个人都有很多自己还没发现的长处。

卡内基为自己的公司选拔的第一任总裁查尔斯·史考伯对此说："我认为，我那能够使员工鼓舞起来的能力，是我所拥有的最大资产。而使一个人发挥最大能力的方法，是赞赏和鼓励。再也没有比上司的批评更能抹杀一个人的雄心……我赞成鼓励别人工作。因此我急于称赞，而讨厌挑错。如果我喜欢什么的话，就是我诚于嘉许，宽于称道。我在世界各地见到许多大人物，还没有发现任何人——不论他多么伟大，地位多么崇高——不是在被赞许的情况下，比在被批评的情况下工作成绩更佳、更卖力气的。"

史考伯的信条同卡内基如出一辙，两人都善于运用激励和赞赏去鼓励自己的员工，帮助他们展示才能，稳固地建立起了一个庞大的钢铁王国。

当一个人出现失误时，赞美和激励就尤为重要了。这时我们需要及时肯定他们的优点，尽量回避缺点。比如美国石油大王洛克菲勒的助手贝特福特，有一次他因为经营失误，使公司在南美的投资损失了 40%。贝特福特正准备挨骂，洛克菲勒却拍着他的肩说："全靠你处置有方，替我们保全了这么多的投资，能干得这么出色，已出乎我们的意料了。"

贝特福特大受感动，这位因失败而受到赞扬的助手，后来为公司屡创佳绩，成了公司的中坚人物。

人类的本性中最深刻的渴求就是赞美，每个人只要能被热情期待和肯定，就能得到希望的效果。你如果懂得赏识别人，并及时肯定他们的优点，他们就会心情愉快，工作和生活会更加积极，用更好的努力来回报于你。

对我们来说，既然赞美和激励有如此巨大的效果，何乐而不为呢?

◎ 罗森塔尔效应的言外之意

罗森塔尔效应为什么能产生这么大的力量？归根结底，是因为自尊心和自信心是人的精神支柱，也是成功的先决条件。无论是家长、老师、管理者，我们都应该切记，千万不要视别人的自尊心、自信心为儿戏。一旦在这方面犯了错误，要想让一个人重建自信，不知比破坏一个人的自信心要难上多少倍。

• 人的自尊心不容侵犯 •

卡内基在很小的时候，母亲就去世了。在他 9 岁的时候，父亲又娶了一个女人。继母刚进家门的那天，父亲指着卡内基向她介绍说："以后你可千万要提防他，他可是全镇公认的最坏的孩子，说不定哪天你就会被这个倒霉蛋害得头疼不已。”

卡内基本来就不打算接受这个继母，在他心中，一直觉得“继母”这个名词会给他带来霉运。父亲这样说，让他很受伤，他已经做好了再受继母一番狂轰滥炸的准备。但继母的举动却出乎卡内基的意料，她微笑着走到卡内基的面前，摸着他的头，然后笑着责怪丈夫：“你怎么能这么说呢？你看哪，他怎么会是全镇最坏的男孩呢？他应该是全镇最聪明、最快乐的孩子才对啊。”

她的话深深地打动了卡内基，因为以前从来没有人对他说过这种话啊，即使亲生母亲在世时也没有。就凭着继母这一句话，他和继母建立起友谊。也就是这一句话，成为激励他的一种动力，使他日后创造了成功的28项黄金法则，帮助千千万万的普通人走上成功和致富的光明大道。

对一个人最残酷的伤害，莫过于对他自尊心和自信心的打击。所以聪明的教育专家才会及时提醒我们，无论你的孩子现在多么“差”，你都要多加鼓励，最大限度地给他能支撑起人生信念风帆的信任和赞美。这样，你的孩子就一定会步入成功的殿堂，像卡内基一样。

在《孩子，我并不完美，我只是真实的我》这本书里，著名的心理学家杰丝·雷尔评论说：“称赞对温暖人类的灵魂而言，就像阳光一样，没有它，我们就无法成长开花。但是我们大多数的人，只是敏于躲避别的冷言冷语而我们自己却吝于把赞许的温暖阳光给予别人。”

台湾的著名作家三毛也在她的散文《一生的战役》中写道：“我一生的悲哀，并不是要赚得全世界，而是要请你欣赏我。”

她为什么这样说呢？因为这个“你”就是她的父亲。后来有一天深夜，父亲读到了三毛的这篇文章，给她留了一张字条，上面写道：“深为感动，深为有这样一株小草而骄傲。”作为女儿的三毛看到后“眼泪夺眶而出”。她写道：“等你这一句话，等了一生一世，只等你——我的父亲，亲口说出来，扫去了我在这个家庭用一辈子消除不掉的自卑和心虚。”

犹太人也说过，我们大人无论怎么责罚孩子，都切勿威吓他们：我们要么罚他，要么饶他……如果非打不可，就使用小草一棵。对孩子的惩罚，大人要看他本心的初衷，即使他的初衷是错误的而导致他错误的行为，也不要像对待成年人一样对待他，因为他毕竟是个孩子。

这是因为自尊心不可伤害，它是我们人生的成长基础。

有一位父亲，他用存了很久的钱买了一辆新车，他非常爱惜这辆车，每天都精心地清洗它。他 5 岁的儿子也总是跟着父亲一起清洗，父亲也为有这么一个体贴的儿子而备感欣慰。

有一天，父亲忘了清洗这辆新车，尽管上面很脏。儿子知道父亲很累了，便想背着父亲一个人把车洗完。但他怎么也找不到抹布，他想到了母亲平时刷锅的钢丝刷子，于是走进了厨房。但当他刷完以后，发现车子上面出现了很多花纹，他忙去找来父亲，边哭边向父亲道歉，父亲看见自己的新车被儿子刷成这样，心痛得不得了，但他也很爱自己的儿子。于是他气得走进了房间，跪在地上祷告：“上帝啊，我该怎么做？那是我新买的车，我该怎么惩罚我的儿子呢？”

过了好一会儿，这位父亲走出房间，把正坐在地上哭泣的儿子拥到了怀里，轻轻地告诉他：“傻孩子，谢谢你帮爸爸洗车，爸爸爱车，但是更爱你！”

为什么罗森塔尔效应会有言外之意呢？秘密就在这里，它告诫我们，保护一个人的自尊，你就能得到想要的东西！每个人都有自己的尊严，他们同时也有自己的优点和长处，希望得到公正的评价，而不是根本性的否定。

用一句话来说，我们不但需要保护别人的自尊与自信，同时还要懂得必要的恭维，让他们释放更大的力量，实现我们积极的期待。

• 不要总盯着别人的错误 •

罗森塔尔效应还告诉我们：要想让别人取得进步并且走向成功，我们就不能总盯着他的错误不放。因为每个人都会犯错，包括上帝在内。

有一个故事，讲的是怀特・露丝，她有两个姐姐，三个人和父母相亲相爱。夏天，三姐妹驾车去郊外旅游。两个姐姐已经有驾照了，而且有比较丰富的驾驶经验，但刚满 16 岁的露丝则是新近获得的驾照。于是大姐和二姐商量，在繁华的市区由她们两个人驾车，到人烟稀少的地方，就让她练练手。

到了郊外，露丝开着车，兴奋得有说有笑，快到路口时可能由于她缺乏经验，产生了心慌的情绪，她本想在红灯亮起之前闯过路口，却没能如愿，反而和一辆从侧面驶过来的大拖车相撞了。悲剧就此发生，大姐当场死亡，二姐头部受到了重创，露丝也腿骨骨折。

她的父母接到电话后立刻赶到了医院，伤心得不行。露丝本以为父母会责怪她，甚至会把她当成“害死自己姐姐”的罪魁祸首，但是父母只是紧紧地抱着她和姐姐，热泪纵横。父母擦干了两个女儿脸上的泪，然后就开始谈笑，像是什么也没发生过一样。对于两个幸存的女儿，尤其是肇事者露丝，父母始终温言慈语，没有任何责怪的意思。

父母的行为出乎所有人的意料。好几年过去了，露丝才敢开口，她问父母，当时为什么没有教训她？事实上，姐姐正是死于她闯红灯造成的车祸，在她的预想中，父母应该把她赶出家门才对。

听到她的询问，父亲和母亲只是淡淡地说：“你姐姐已经离开了，不论我们再说什么或做什么，都不能让她起死回生，而你还有漫长的人生。如果我们责难你，你就会背负‘造成姐姐死亡’的包袱，而你也会丧失一个完整、健康和美好的未来。”

由此可见，当错误发生时，事后的责备并不是重要的，有时候它根本一点用处也没有，最重要的是对心灵的保护和未来避免再犯。所以只有不够聪明的人才批评、指责和抱怨别人，无论他是家长还是管理者。在企业管理中，我们也能看到，有时原谅错误比惩罚错误更能起到无往而不利的绝佳效果。

就是激励艺术要解决的问题，一个出色的管理者，他们并非时刻都能想出绝妙办法，而是需要营造出一种家的氛围、激励员工为企业做出贡献。让员工知道要做什么，然后放手让他们去做。在这个过程中，员工难免会犯错误。一个成功的领导者，往往非常注重对犯错的下属进行开导，但一定会慎用批评和质问的语气，他们不会死死地将自己的目光锁定在下属的错误上，而是着眼于未来，目标在于事情的解决，而不是对于员工本身的惩罚。

一向以节俭闻名于世的洛克菲勒告诉我们，他的成功秘诀不完全只是依靠自己的“吝啬”，更重要的是他从来不会在员工犯错之后，只是盯着他们的错误大加指责。就像他的助手，使公司一夜之间损失几百万美元，他也丝毫不以为意，反而告诉他的助手：“你已经做得很棒了！”

当然，身为管理者，无论下属做对或做错，我们都不能视而不见。原谅错误并不意味着要无视错误，而是旨在遵守罗森塔尔效应发挥力量的原则：给予他们积极的期待，避免让消极暗示摧毁或打击他们的信心。

只有这样聪明的驾驭，才会让员工最大限度地发挥聪明才智，带来意想不到的成功和惊喜。

最后，记住下面这些话：

1. 每个人都希望得到赞美，哪怕他做得很差。

2. 欣赏引导成功，抱怨只会导致失败。

3. 当你有了天才的感觉，你就会成为天才；当你有了英雄的感觉，你就会成为英雄。

4. 鼓励和赞美能使白痴变为天才，批评与谩骂则可使天才变成白痴。